MW01715386

Jouer, c'est magique

Programme favorisant **le développement global des enfants**

TOME 1

LES PUBLICATIONS DU QUÉBEC
1500 D, rue Jean-Talon Nord, Sainte-Foy (Québec) G1N 2E5

VENTE ET DISTRIBUTION
Case postale 1005, Québec (Québec) G1K 7B5
Téléphone : (418) 643-5150, sans frais, 1 800 463-2100
Télécopieur : (418) 643-6177, sans frais, 1 800 561-3479
Internet : http://www.publicationsduquebec.gouv.qc.ca

Données de catalogage avant publication (Canada)

Gariépy, Lisette

Jouer, c'est magique : programme favorisant le développement global des enfants
Comprend des réf. bibliogr.

ISBN 2-551-17946-7 (v.1)

1. Éducation de la première enfance – Méthodes actives. 2. Garderies – Activités. 3. Enfants – Développement. 4. Jeu. 5. Relations parents-maîtres. I. Titre.

LB1139.35.P55G37 1998 372.21 C98-940971-6

Jouer,
c'est magique

Programme favorisant **le développement global des enfants**

TOME 1

LES PUBLICATIONS DU QUÉBEC

Québec

Cette publication a été réalisée par la
Direction des communications du
ministère de la Famille et de l'Enfance.

Cette édition a été produite par
Les Publications du Québec
1500D, rue Jean-Talon Nord, 1er étage
Sainte-Foy (Québec) G1N 2E5

Coordination
Marie-Patricia Gagné

Rédaction
Lisette Gariépy

Révision linguistique
Diane Thériault

Photographie de la page couverture
Gil Jacques

Graphisme de la page couverture
Bellavance, communication graphique

Dépôt légal - 1998
Bibliothèque nationale du Québec
Bibliothèque nationale du Canada
ISBN 2-551-17946-7

Dans cet ouvrage, l'utilisation du féminin inclut le masculin
et vise uniquement à alléger le texte.

Cette nouvelle édition de *Jouer, c'est magique* a été rendue possible grâce à la collaboration des personnes et organismes suivants :

Regroupement des centres de la petite enfance de la région 04-17

Regroupement des centres de la petite enfance de l'Île-de-Montréal

Regroupement des centres de la petite enfance des Cantons de l'Est inc.

Lucie Desbiens, Collège de Shawinigan

Gaétan Gagnon, Cégep de Jonquière

Marthe Hamel, Direction de la santé publique de la Régie régionale de la santé et des services sociaux du Bas-Saint-Laurent

Nous remercions particulièrement le personnel éducateur des services de garde pour leur expérimentation de la première version du programme.

Nous remercions également les enfants de la garderie Le Repère des mousses inc., à Montréal, dont la photo apparaît sur la page couverture.

Collaboration spéciale pour la section 4 :

Lise Cloutier, coordonnatrice au Regroupement des garderies du Montréal métropolitain ;
Danielle Forest et France Lévesque, CLSC de l'Estuaire ;
Liliane Neveu, psychologue

Jouer, c'est magique a été développé à partir des ouvrages suivants de High/Scope Press dont il adapte certains outils au contexte québécois des services de garde :

Young Children in Action, 1979;
Young Children Grow Up: The effects of the Perry Preschool Program on Youths Through Age 15, 1980;
A Study Guide to Young Children in Action, 1983;
Changed Lives: The Effects of the Perry Preschool Program on Youths through Age 19, 1984;
A School Administrator's Guide To Early Childhood Programs, 1988;
The Teacher's Idea Book, 1989;
Program Implementation Profile: Administration Manual, 1989;
Supporting Young Learners, 1991;
Training for Quality: Improving Early Childhood Programs Through Systematic Inservice Training, 1993;
Significant Benefits. The Perry Preschool Study Through Age 27, 1993;
Educating Young Children: Active Learning Practices for Preschool and Child Care Programs, 1995.

La version anglaise de ces ouvrages est disponible chez High/Scope Press, 600 North River St., Ypsilanti, Michigan 48198, U.S.A.

Avant-propos

Placer les enfants au cœur des choix d'une société signifie prendre les mesures qui favoriseront leur épanouissement, leur réussite et leur contribution future à la collectivité. Dans cette perspective est né le réseau des centres de la petite enfance, avec un programme éducatif qui place le jeu au cœur du processus d'apprentissage du jeune enfant.

Bien que le programme *Jouer, c'est magique* ait d'abord été destiné aux enfants de milieux défavorisés, son succès s'est avéré tel qu'il est maintenant considéré comme le prolongement du *Programme éducatif des centres de la petite enfance* dont il présente des applications. Le principe d'accorder une place privilégiée au jeu est déjà largement observé dans les services de garde, notamment ceux qui ont choisi d'appliquer *Jouer, c'est magique*.

Jouer, c'est magique vise à soutenir le personnel éducateur dans l'atteinte de l'objectif de qualité des centres de la petite enfance, en proposant une approche pédagogique et une série d'applications concrètes pour favoriser le développement global, harmonieux et optimal de l'enfant sur les plans physique, intellectuel, affectif, social et moral.

Cette nouvelle édition a d'ailleurs été conçue à partir d'une expérimentation en milieu de garde et devrait répondre aux besoins et aux préoccupations d'un milieu dont elle est le reflet. Les associations et regroupements de services de garde, avec l'appui de solides formateurs, pédagogues, psychologues, éducatrices, responsables des services de garde, parents et autres partenaires, ont formulé des commentaires utiles à son remaniement.

Jouer, c'est magique est un outil qui évolue pour s'adapter au monde en ébullition dans lequel nos enfants bâtiront l'avenir de notre société.

Table des matières

Section 2

Liste des figures

Liste des tableaux

Liste des figures

Liste des tableaux

Section 4

La communication et les relations entre les parents et le personnel des services de garde 109

Liste des figures

Liste des tableaux

Section 1

Jouer, c'est magique

Principes de base

1

Aperçu du programme et de ses effets

Jouer, c'est magique. Programme favorisant le développement global des enfants est un outil proposé par le ministère de la Famille et de l'Enfance afin de poursuivre les principes de base du *Programme éducatif des centres de la petite enfance*[1*]. Il s'adresse aux adultes œuvrant auprès des enfants dans les services de garde en milieu collectif et en milieu familial. Ce programme propose une série de pratiques éducatives en accord avec les principes inscrits dans la réglementation des centres de la petite enfance. Il préconise la stimulation du développement global de l'enfant de la naissance jusqu'à l'entrée à la maternelle, dans un environnement physique et humain riche en expériences de toutes sortes.

Jouer, c'est magique a été élaboré à partir d'un programme connu sous le nom de *High/Scope Educational Approach*[2]. Ce programme fut développé au début des années soixante-dix par un groupe de chercheurs du Michigan (États-Unis) à l'intérieur du *High/Scope Perry Preschool Project*[3].

Ce projet avait comme objectif premier d'intervenir auprès d'une clientèle d'enfants âgés entre trois et cinq ans provenant de milieux socio-économiquement défavorisés. Ces enfants vivaient au sein de familles majoritairement monoparentales, peu scolarisées et recevant des prestations d'aide sociale. Le projet comportait deux volets d'intervention : l'un auprès des enfants et l'autre auprès des parents. Les enfants fréquentaient un centre préscolaire à raison de quatre demi-journées par semaine, alors que les mères étaient visitées à domicile une fois par semaine.

Le *High/Scope Curriculum* (programme préscolaire éducatif) fut utilisé dans le cadre de l'intervention en centre pour enfants. Il vise le développement de l'ensemble des sphères motrice, langagière, sociale, affective, cognitive et morale.

Des études longitudinales conduites depuis plus de vingt ans démontrent que ce programme entraîne des gains significatifs sur les plans cognitif et social chez les individus qui ont participé au projet[4]. Ces derniers ont présenté de meilleurs résultats durant les premières années du primaire, un taux plus élevé d'obtention de diplômes d'études secondaires et une meilleure intégration au marché du travail. À l'adolescence, on a observé une baisse du nombre de grossesses chez les filles. Moins de jeunes ont fait des séjours en prison et participé à des programmes de réinsertion sociale. Parvenus maintenant à l'âge adulte, les participants bénéficient d'un meilleur revenu annuel en raison de leur activité sur le marché du travail, alors qu'un nombre restreint d'entre eux vivent de prestations d'aide sociale. Sur le plan familial, on observe qu'il existe une plus grande stabilité chez les couples : moins de séparations, moins de naissances d'enfants en dehors des unions. Ces données diversifiées, bien que très spécifiques, font état d'améliorations significatives de l'intégration à la vie sociale et au marché du travail, ainsi que de l'accroissement de la stabilité familiale suivant la participation à un programme préscolaire de qualité comme celui du *High/Scope*.

* La numérotation correspond à celle des références présentées à la fin de l'ouvrage.

Les auteurs ont également cherché à connaître plus précisément l'influence du programme sur le développement des enfants. Une étude menée auprès d'éducatrices et d'enfants[5] met en lumière des données intéressantes. Ainsi, les participants au programme se distinguent sur les plans social, cognitif et moteur.

Sur le plan social, les enfants démontrent plus d'initiative, participent plus activement aux activités offertes et s'engagent dans des jeux plus complexes. Les interactions positives et la coopération sont plus nombreuses. La capacité à résoudre les problèmes de nature sociale semble alors s'accroître de façon significative.

Sur le plan cognitif, les enfants présentent un meilleur développement des habiletés langagières ainsi qu'une capacité accrue à représenter et à classifier.

Enfin, **sur le plan moteur,** les enfants développent mieux leurs capacités à coordonner musique et mouvements et canalisent plus efficacement leur énergie lors des activités.

Le programme du *High/Scope* permet donc à l'enfant de se développer en misant sur ses capacités à décider, à réaliser des actions en fonction de ses intérêts, et ce, de façon créative. Ainsi, l'initiative, la curiosité, l'autonomie et la responsabilité ont pour effet d'accroître confiance en soi et estime de soi chez l'enfant.

Ce programme est aujourd'hui implanté dans plusieurs centres préscolaires et garderies aux États-Unis et à travers le monde. Il a été modifié de façon à répondre aux besoins d'autres clientèles, aussi bien les enfants sans besoins particuliers que ceux présentant des limites sur le plan intellectuel. Le programme a également été implanté dans des services de garde en milieu familial.

Le programme *Jouer, c'est magique* a été développé à partir de l'approche éducative du *High/Scope Curriculum*. Il a cependant été adapté à la réalité des services de garde québécois. Expérimenté depuis quelques années dans différents services de garde en milieu collectif et en milieu familial, il est aujourd'hui présenté sous une forme révisée afin d'être appliqué dans les centres de la petite enfance. À ce titre, le ministère de la Famille et de l'Enfance privilégie *Jouer, c'est magique* pour soutenir concrètement l'application du *Programme éducatif des centres de la petite enfance*[1].

2

Les principes de base

Le *Programme éducatif des centres de la petite enfance*[1] repose sur une série de principes qui circonscrivent l'action éducative auprès des enfants et des parents. *Jouer, c'est magique* adhère aussi à ces principes.

L'enfant est un être unique

L'enfant se développe selon une série de stades prévisibles communs à tous les êtres humains. À chaque nouveau stade émergent de nouvelles capacités permettant à l'enfant de poser des actions de plus en plus complexes. Malgré cette prévisibilité générale, chaque enfant adopte une rythme de développement qui lui est propre, ce qui lui confère son caractère d'unicité. L'enfant possède des caractéristiques personnelles, des préférences, des capacités, des talents qui en font un être unique. Par ses interventions, l'éducatrice doit reconnaître, respecter et encourager l'unicité de chaque enfant tant sur le plan de sa personnalité que sur celui de son niveau et de son rythme de développement. Elle doit également offrir une attention particulière à chaque enfant afin de répondre à ses besoins individuels.

Le développement de l'enfant est un processus global et intégré

L'enfant est un être multidimensionnel qui se développe globalement lorsqu'il interagit avec son environnement. Ainsi, l'ensemble des composantes du développement, soit les dimensions physique et motrice, intellectuelle, langagière, socio-affective et morale sont sollicitées lors d'une même activité. Ces dimensions sont interreliées en ce sens que le développement de l'une touche nécessairement à d'autres et exerce un effet d'entraînement sur le développement de l'ensemble des dimensions. L'enfant est un tout qui met à contribution l'ensemble de son être afin d'initier des interactions avec l'environnement physique et humain. L'éducatrice doit donc être en mesure de considérer, dans toutes ses interventions, les différentes dimensions du développement de l'enfant et d'en reconnaître la présence dans les activités que ce dernier réalise.

L'enfant est le premier agent de son développement

L'enfant est le maître d'œuvre de son propre processus d'apprentissage. Il est spontanément curieux et intéressé par ce qui l'entoure, il prend ainsi en charge ses expériences en manipulant, en s'exprimant et en apprenant à identifier les situations qui lui procurent plaisir, satisfaction et défi. L'éducatrice ne peut apprendre à la place de l'enfant, lui seul peut le faire. Elle doit cependant lui offrir un milieu qui l'incite à échanger avec son environnement physique et humain et à agir de manière autonome.

L'enfant est un apprenant actif qui entreprend des activités selon ses goûts et intérêts personnels. Il agit directement sur son environnement; sa pensée s'inspire directement du réel, de ce qu'il voit, entend ou touche et ne peut faire référence à aucune logique abstraite. L'enfant apprend par l'action, la manipulation, l'exploration, l'expérimentation, l'expression, l'observation et l'écoute. En agissant ainsi sur son environnement, il construit sa connaissance de soi et des autres tout en découvrant les propriétés des objets qui l'entourent.

L'enfant apprend par le jeu

Le jeu constitue un moyen privilégié d'interaction et d'évolution pour l'enfant. Il est un puissant levier d'apprentissage avec lequel l'enfant acquiert des connaissances tout en développant ses capacités à raisonner, créer et résoudre des problèmes. C'est à travers le jeu que l'enfant arrive à recréer le monde afin de mieux le comprendre. L'apport du jeu dans le développement et l'apprentissage de l'enfant est donc essentiel. Tout est prétexte au jeu, tout devient spontanément un jeu et l'enfant en retire un immense plaisir. Jouer, c'est une expérience essentiellement agréable à travers laquelle l'enfant se développe globalement. L'éducatrice doit respecter le jeu de l'enfant en valorisant ses activités plutôt qu'en tentant de les diriger. Il est important de laisser l'enfant maître de ses jeux, car il peut ainsi accroître ses capacités tout en renforçant son sentiment de contrôle sur l'environnement.

La collaboration entre le personnel éducateur et les parents contribue au développement harmonieux de l'enfant

L'enfant se développe harmonieusement s'il existe une collaboration entre les différents milieux dans lesquels il évolue. Des relations positives vécues entre les éducatrices et les parents contribuent au développement de l'enfant. Celui-ci s'adapte plus facilement à ces milieux s'il y existe un véritable partenariat.

L'échange quotidien avec les parents permet à l'éducatrice de mieux comprendre ce que vit l'enfant en dehors du service de garde. D'autre part, les parents se sentent acceptés et respectés. Il est donc essentiel de développer une telle collaboration en permettant aux parents de jouer un rôle actif dans le service de garde.

Dans le prolongement de ces principes, *l'apprentissage actif* [6] constitue le concept clé de l'approche éducative du programme *Jouer, c'est magique.* Ce concept s'élabore autour de cinq éléments, soit l'action directe, la réflexion, le langage, la motivation et la résolution de problèmes.

L'action directe

Lorsqu'un enfant découvre un objet pour la première fois, il le prend, le sent, le goûte, le serre entre ses mains, le lance, le roule, écoute les sons qu'il produit, le regarde sous tous ses angles. Cette manipulation à partir des cinq sens sollicite la motricité fine et globale de l'enfant et permet la découverte des propriétés de l'objet.

L'enfant apprend activement lorsqu'il manipule du matériel comme des jouets, du papier, des crayons, de l'eau, du sable, etc.

Enfin, manipuler activement amène l'enfant à échanger ses idées et ses opinions avec les autres, ce qui entraîne graduellement une décentration de la pensée.

Cette action directe s'avère essentielle pour permettre à l'enfant de former des concepts plus abstraits.

Exemple :

Marianne découvre un ananas pour la première fois. Toucher l'enveloppe extérieure l'effraie, car la sensation est désagréable ; l'écorce est rugueuse et un peu piquante. Une exploration plus poussée lui permet cependant de découvrir un fruit juteux et savoureux dont la texture intérieure est beaucoup plus agréable.

La réflexion

Une simple action ne suffit pas à l'apprentissage : celle-ci doit être accompagnée d'une réflexion qui permet à l'enfant de se questionner sur l'action qu'il a posée. En prenant un ballon dans ses mains pour la première fois, l'enfant l'explore activement en le faisant rouler, bondir, etc. Cette manipulation active est nécessaire à l'apprentissage ; elle est cependant accompagnée d'une activité mentale qui amène l'enfant à se poser une série de questions sur les propriétés de ce nouvel objet. La réflexion qui accompagne ainsi l'action directe permet à l'enfant de construire sa pensée.

Ainsi, par l'expérimentation active, l'enfant découvre les relations entre les objets, ce qui l'amène à établir des liens de cause à effet qu'il pourra adapter à d'autres situations.

Exemple :

Jonathan se concentre à vider du sable dans un entonnoir. Il observe alors que le sable ne s'écoule plus, car l'orifice étroit est obstrué par du sable humide. Il répète ensuite l'expérience avec du sable sec et constate que l'écoulement s'en trouve facilité. Il observe alors que la combinaison eau et sable transforme la consistance du sable en le rendant plus épais, ce qui a pour effet de nuire au bon écoulement par l'entonnoir.

Le langage

Le développement du langage est important durant la période préscolaire. L'enfant doit avoir l'occasion de décrire les actions qu'il pose, d'échanger avec ses pairs, d'exprimer ce qu'il ressent, ce qu'il vit, ce qu'il fait.

Pour l'enfant, apprendre activement signifie parler de ses expériences vécues tout au long de la journée. L'éducatrice doit susciter les moments d'échanges où l'enfant a la possibilité de raconter des expériences qui lui ont procuré de la joie, de la peur, de la tristesse, etc. Lorsqu'il s'exprime, l'enfant exerce ses habiletés langagières tout en découvrant que les mots permettent d'exprimer ses sentiments, ses idées. Il découvre également qu'il est respecté et que ce qu'il dit est important. De plus, ces échanges quotidiens permettent aux enfants de s'ouvrir aux autres et de décentrer peu à peu leur pensée.

La motivation

Le désir d'apprendre, de créer et d'expérimenter est intimement lié à la motivation de l'enfant à découvrir le monde qui l'entoure. Il est guidé par ses intérêts personnels qui le poussent à se questionner sans cesse. L'enfant en position d'apprenant actif formule des hypothèses et en vérifie l'exactitude en manipulant activement les objets. Il trouve des solutions uniques à ses problèmes, c'est un inventeur-né.

Exemple :

Mathieu, quatre ans, se demande comment faire tenir sur son dos un bloc de bois représentant la bombonne d'oxygène indispensable à sa prochaine plongée sous l'eau.

Ce questionnement conduit l'enfant à devenir un inventeur qui doit créer un dispositif efficace. Mathieu essaie tout d'abord une corde, mais le bloc ne tient pas en place. Un bon ruban gommé fait l'affaire et voilà l'enfant parti à la conquête d'un fond des mers imaginaire !

La résolution de problèmes

L'expérimentation active amène l'enfant à manipuler, combiner, transformer les objets, générant ainsi de nouvelles idées. Lorsqu'il rencontre des problèmes, il doit trouver des solutions qui lui permettent de poursuivre ses explorations : les expériences à travers lesquelles l'enfant agit activement sont essentielles à son développement ; il y fait de la résolution de problèmes, ce qui contribue à améliorer sa compréhension du monde qui l'entoure.

Exemple :

David, un grand chef cuisinier, est affairé à préparer sa renommée soupe aux boutons. Comme il désire faire mijoter le tout, il choisit un couvercle pour le déposer sur le chaudron. Ses expériences lui ont appris qu'un couvercle s'ajuste parfaitement sur les rebords du chaudron afin de bien le fermer. Malheur ! celui qu'il a choisi s'enfonce directement au fond.

Ce que David avait anticipé ne s'est pas produit ; il doit chercher une solution à ce nouveau problème. Il explore alors différents couvercles en les posant un à un sur le chaudron. Il trouve enfin celui qui convient le mieux. Cette situation a permis à David de faire un nouvel apprentissage sur le plan intellectuel.

Les principes de base du programme *Jouer, c'est magique* intègrent différentes valeurs, soit l'autonomie, le respect, la confiance et l'acceptation inconditionnelle. L'éducatrice croit en l'enfant : elle est convaincue qu'il possède les habiletés nécessaires pour se développer. Elle a confiance en son potentiel et le respecte dans ses décisions. Son intervention éducative a pour objectif fondamental d'amener l'enfant à devenir un être autonome faisant preuve d'initiative et de curiosité, capable de se faire confiance et de s'estimer.

3

Les conditions favorables à l'apprentissage actif

Afin de se développer, l'enfant d'âge préscolaire doit pouvoir apprendre activement à travers le jeu; le concept d'apprentissage actif constitue la pierre angulaire sur laquelle repose le programme du *High/Scope*. Cet apprentissage actif doit être soutenu par un **environnement physique organisé,** un **horaire quotidien spécifique** et un **style d'intervention démocratique chez l'éducatrice** (voir tableau 1).

Tableau 1

Conditions favorables à l'apprentissage actif

Apprentissage actif

- Environnement physique organisé
- Horaire quotidien spécifique
- Style d'intervention démocratique chez l'éducatrice

Environnement physique organisé

L'enfant explore avec tout son corps en manipulant une variété de matériel adapté à ses besoins de développement. L'environnement physique doit lui permettre de s'engager dans des activités essentielles à son développement en lui faisant vivre une série d'expériences clés sur les plans moteur, social, affectif, cognitif, langagier et représentatif.

Un environnement physique organisé est essentiel pour soutenir l'apprentissage actif et a une incidence directe sur le comportement de l'enfant. Le jeune enfant a besoin d'espace pour explorer, pour créer, pour bouger, pour s'isoler ou pour jouer avec d'autres enfants. Il a besoin d'espace pour ranger ses effets personnels et exposer ses réalisations. L'éducatrice doit elle aussi bénéficier d'un espace physique lui permettant de participer activement aux jeux des enfants.

Les lieux sont invitants pour l'enfant: couleurs claires sur les murs, lumière naturelle, mobilier confortable, propreté évidente, etc.

L'environnement physique est organisé à partir d'une série de principes :

- l'aménagement des aires de jeu en coins d'activités ;
- un matériel varié ;
- un rangement organisé.

Coins d'activités

Les espaces de jeux sont divisés en coins d'activités afin de favoriser l'émergence de différents types de jeux. Cet aménagement respecte les besoins et intérêts des enfants et leur permet de choisir les objets qu'ils désirent explorer.

Les coins d'activités sont identifiés par des noms simples mais significatifs pour l'enfant : le coin des blocs, le coin lecture, etc. Chaque coin est distinct des autres par le type de matériel qui s'y trouve. Des armoires, des tables ou autre mobilier servent à isoler les coins les uns des autres.

Le nombre de coins varie selon les dimensions des locaux et la possibilité de partager des espaces communs entre différents groupes. Par exemple, si l'espace est restreint, certains coins ne pourront être aménagés de façon permanente. On devra alors prévoir des modules à ranger après utilisation. En plus, une table peut servir tour à tour pour les jeux d'eau, les jeux de sable, les activités scientifiques et la peinture.

Exemple :
Dans le coin d'expression plastique, Mathieu mélange de la peinture jaune et verte et la dépose délicatement sur sa feuille à l'aide d'un pinceau. Pendant ce temps, Marianne nourrit « son » bébé dans le coin cuisine et David construit un garage dans le coin des blocs.

L'aménagement en coins permet aux enfants de poursuivre simultanément différentes activités selon leurs goûts et intérêts personnels.

Les coins d'activités doivent pouvoir être modifiés tout au long de l'année afin de répondre à de nouveaux besoins et intérêts. Cette polyvalence du local permet également d'y accueillir les activités de groupe, les repas et les collations, la détente et même de permettre le rangement des effets personnels de l'enfant. En plus de présenter des coins d'activités, l'aménagement du local permet les rassemblements en groupe au sol ou autour d'une table. Un cercle tracé sur le plancher contribue à réunir aisément les enfants. Si le local est trop petit pour offrir un tel espace, le coin des blocs, sans mobilier, peut accueillir le groupe. L'aménagement doit également tenir compte des périodes de repas et de collations, ainsi que de la détente. Le mobilier doit pouvoir être déplacé facilement ; des armoires sur roulettes constituent alors une alternative intéressante. Enfin, chaque enfant devrait retrouver un lieu pour ranger ses effets personnels et pour conserver les créations en voie de réalisation.

Des aires de circulation sont créées entre les coins d'activités afin de permettre à l'enfant de circuler d'un coin à un autre sans nuire aux activités des autres enfants.

La section 3 présente une description détaillée des coins d'activités à offrir ainsi que le matériel nécessaire pour favoriser des expériences riches et variées.

Matériel varié

Un local offrant un matériel abondant et varié stimule l'enfant dans la poursuite active de ses explorations, en répondant à ses besoins spécifiques. On donne ainsi à l'enfant l'occasion de vivre une multitude d'expériences et d'apprentissages par une manipulation active. L'éducatrice consacre plus de temps à soutenir les enfants dans leurs expériences qu'à les animer de façon directe ou à organiser continuellement du nouveau matériel afin de répondre à leurs besoins changeants.

L'enfant choisit le matériel avec lequel il désire jouer et l'utilisation qu'il veut en faire. L'enfant est créatif et inventeur ; il est capable de faire un choix judicieux du matériel qu'il veut manipuler et de la façon dont il compte le faire.

Exemple :

Liliane, installée à un chevalet de peintre, prend deux pinceaux dans chaque main afin de tracer des lignes de couleurs différentes. Elle observe attentivement les traits et enlève un à un les pinceaux afin d'en voir le résultat sur la feuille.

Ce type d'exploration est essentiel à l'enfant, car il lui permet de faire des découvertes uniques. L'enfant expérimente selon ses idées plutôt que selon celles de l'éducatrice. Il est important de préciser que le matériel n'est pas uniquement de nature commerciale : le papier, le sable, les roches, les feuilles d'arbres, les objets recyclés sont autant d'objets permettant à l'enfant d'explorer sans que le service de garde ait nécessairement à investir des sommes importantes.

Enfin, le matériel doit refléter les réalités familiales et culturelles des enfants fréquentant le service de garde. Les éducatrices doivent veiller à se procurer du matériel de jeu qui tient compte de ces réalités.

Rangement du matériel

Chaque coin est aménagé de façon à mettre en évidence le matériel disponible pour les enfants. Ils ont besoin de bien visualiser les jeux mis à leur disposition afin de choisir des activités selon leurs intérêts. Ainsi, on utilisera des contenants transparents ou des paniers portant un symbole ou une image illustrant leur contenu et disposés sur des étagères également étiquetées. Un rangement organisé facilite l'utilisation du matériel. Comme les jouets sont à portée de main, l'enfant s'organise seul. L'éducatrice peut alors consacrer plus de temps à observer les enfants et à échanger avec eux. L'enfant ressent un plus grand sentiment de confiance en lui, car il est invité à développer son autonomie dans un cadre physique sécurisant.

Horaire quotidien spécifique

Un horaire quotidien comprenant des périodes d'animation variées est essentiel à l'apprentissage actif. Un horaire stable sécurise l'enfant en lui donnant un sentiment de contrôle sur son environnement, alors qu'il peut anticiper les types d'activités qui se dérouleront tout au long de la journée. Par ailleurs, les activités doivent être planifiées et réalisées de façon à permettre à l'éducatrice et à l'enfant d'agir tour à tour comme des décideurs.

L'horaire contient une variété de périodes d'activité où l'enfant vit des expériences diverses :

- la période d'atelier amène l'enfant à choisir son activité selon ses goûts et intérêts en la planifiant, en la réalisant et en l'évaluant ;
- l'activité en petit groupe permet à l'éducatrice de planifier à son tour une activité pour les enfants du groupe, tout en conservant une animation à caractère ouvert ;
- l'activité en grand groupe est un moment où deux groupes se joignent pour participer à une activité de musique ou de mouvement qui favorise l'entraide. Les éducatrices animent à tour de rôle cette période ;
- les activités de base telles que les repas, les collations, la détente, les transitions, les jeux libres en début et en fin de journée ;
- la période de jeux extérieurs.

L'enfant est libre de participer ou non aux activités en petit et en grand groupe ; s'il choisit de ne pas le faire, il peut s'adonner à une autre activité. Le choix de l'enfant est présent dans toutes les périodes de jeu tout au long de la journée.

L'horaire est flexible et s'adapte aux événements quotidiens. Il ne doit pas être un carcan mais bien un soutien à l'éducatrice, qui planifie différentes périodes d'animation où l'enfant pourra toujours faire preuve d'initiative dans le choix de ses activités.

Enfin, l'horaire permet à l'enfant de vivre différents types de regroupement : petit et grand groupe, groupe d'âge homogène et multiâges.

La section 3 reprend ces temps d'activités et présente différentes stratégies afin de les animer.

Style d'intervention chez l'éducatrice

On trouve généralement trois styles d'animation qui influencent directement les relations entre adultes et enfants. Ces styles se caractérisent par un partage différent du contrôle entre l'éducatrice et son groupe d'enfants.

Le style laissez-faire

Avec ce style d'animation, l'enfant a plein contrôle sur les choix d'activités. L'éducatrice ne propose aucune activité au groupe ; son rôle en est un d'observatrice, et elle ne vient en aide aux enfants que lorsqu'ils éprouvent des difficultés ou vivent des conflits. Les activités évoluent sans horaire précis, au fur et à mesure, selon les goûts et intérêts des enfants. L'objectif premier d'une telle approche est le développement de la capacité de l'enfant à démarrer ses propres jeux et à interagir avec les autres enfants. Ainsi, lors des périodes de jeu libre à l'intérieur et à l'extérieur, l'éducatrice opte pour un style laissez-faire en réduisant son encadrement au minimum pour laisser aux enfants le plein contrôle de leurs choix de jeux. Il ne faut cependant pas confondre ce style avec un laissez-aller complet de la part de l'éducatrice. Celle-ci voit au bon déroulement des activités sans toutefois se donner un rôle d'animatrice.

Le style directif

À l'opposé du style laissez-faire, le style directif donne le plein contrôle à l'éducatrice, qui prend l'entière responsabilité d'organiser et d'animer les activités. Elle poursuit ainsi des objectifs d'apprentissage précis qui découlent du programme éducatif. Chaque activité est planifiée en fonction de ces objectifs. L'enfant ne décide pas des activités à faire; il exécute ce que l'éducatrice lui propose. L'activité dirigée, où l'éducatrice donne des directives précises et présente un modèle laissant peu de place à l'expérimentation et à la création, constitue un bon exemple du style directif. L'éducatrice s'approprie le contrôle de l'animation en choisissant l'activité et son mode d'exécution, sans laisser à l'enfant la possibilité de prendre des décisions en fonction de ses goûts et intérêts personnels.

Le style démocratique

L'apprentissage actif nécessite l'adoption d'un style d'intervention démocratique chez l'éducatrice qui joue un rôle de soutien à l'apprentissage de l'enfant.

Le style démocratique se caractérise par un partage plus équitable du contrôle entre l'éducatrice et le groupe. L'éducatrice organise un environnement physique qui soutient son animation sans qu'elle n'intervienne constamment, et l'enfant peut faire des choix en autant que ceux-ci respectent les règles de conduite et de sécurité. L'éducatrice reconnaît ainsi que l'enfant a besoin d'explorer et de manipuler afin de développer des sentiments de confiance et de compétence. L'éducatrice joue un rôle de soutien en outillant l'enfant afin qu'il prenne le contrôle de ses propres apprentissages.

En adoptant un style d'animation démocratique, l'éducatrice établit avec l'enfant un véritable partenariat; elle reconnaît ainsi que les intérêts personnels sont le véritable moteur de l'apprentissage. Les activités laissent donc beaucoup de place aux choix personnels des enfants.

L'organisation requise sur le plan de l'animation peut cependant paraître difficile pour l'éducatrice qui a l'habitude de réunir tout son groupe autour d'une activité commune. Reconnaître que l'enfant est motivé à agir selon ses goûts et ses intérêts permet de mettre en place un type d'animation qui respecte ce besoin.

Ce nouveau rôle est complexe, car il redéfinit l'éducatrice non plus comme celle qui dit constamment à l'enfant ce qu'il a à apprendre ou comment le faire, mais bien comme la metteure en scène d'une pièce où l'enfant est le principal acteur. L'éducatrice ne dirige pas le jeu mais observe, écoute, échange avec l'enfant sur ses réalisations, l'aide à résoudre ses problèmes et à régler ses conflits avec ses pairs.

L'éducatrice n'interdit pas à un enfant de faire le même choix jour après jour, car elle considère que ce dernier fait des apprentissages importants. Elle tente plutôt d'organiser un environnement qui offre une variété de matériel afin d'éveiller la curiosité de l'enfant à découvrir de nouvelles choses.

Alternance des trois styles

Une pratique courante en service de garde est de passer d'une activité de type laissez-faire comme le jeu libre à une animation plus directive telle que l'activité dirigée.

Exemple :

En début de journée, les enfants sont accueillis dans un grand local aménagé pour permettre les regroupements multiâges. L'éducatrice invite les enfants à choisir une activité. Certains jouent avec de petites autos alors que d'autres optent pour la table à dessin ou le coin lecture. L'éducatrice profite de ce moment pour parler aux parents et préparer du matériel pour l'activité du matin. Elle n'anime pas le jeu des enfants et se contente d'intervenir lors des conflits ou pour rappeler à chacun ce qui est « à faire » ou à ne « pas faire ». Elle profite également de ce moment pour discuter de façon informelle avec les enfants. Ces derniers débutent ainsi leur journée dans un **climat de laissez-faire.**

À neuf heures, chaque éducatrice rassemble son groupe et se dirige dans son local pour la causerie. Ce moment est aussi apprécié par l'éducatrice que par les enfants, car il est propice à l'échange et la discussion. L'éducatrice instaure ainsi un **climat démocratique,** alors qu'elle invite chacun à participer activement. Elle est ouverte aux idées des enfants et accepte volontiers de suivre les pistes qui lui sont proposées.

Après la causerie, l'éducatrice invite les enfants à se tenir debout le long du mur afin de participer à un parcours psychomoteur. Elle installe les éléments du parcours et fait ensuite une démonstration des mouvements à exécuter. Les enfants défilent alors l'un derrière l'autre en tentant de reproduire les mêmes mouvements que l'éducatrice : passer sous la chaise, sauter dans le cerceau, faire une culbute sur le tapis. L'activité se termine lorsque les enfants commencent à se bousculer un peu trop à la ligne de départ. Un **climat directif** a été instauré malgré le fait que les enfants soient actifs ; ces derniers ont suivi les directives de l'éducatrice et exécuté ce qu'elle leur a demandé.

Il est important d'assurer une cohérence dans le style d'intervention. Certaines situations nécessitent parfois l'adoption d'un style plus directif ; une sortie en groupe oblige les enfants à demeurer tous ensemble afin de ne pas s'égarer. Il faut cependant tenter de maintenir un équilibre, car un partage plus équitable du contrôle avec l'enfant modifie positivement le climat affectif et social.

Stratégies pour créer un climat démocratique

Le style démocratique permet à l'enfant d'apprendre activement, ce qui aide l'éducatrice à découvrir la vraie nature de ce dernier. Elle connaît mieux ses goûts, ses intérêts personnels, ses capacités et ses besoins, ce qui lui permet d'adapter ses interventions. En retour, l'enfant est encore plus motivé à apprendre. L'éducatrice et l'enfant sont des partenaires qui découvrent et inventent ensemble.

Elle reconnaît que l'enfant a des idées, qu'il est créatif et qu'il est capable de faire ses propres choix et de résoudre les problèmes. Ceci permet à l'enfant de développer une image positive de lui-même. L'éducatrice encourage ainsi l'autonomie en amenant l'enfant à réaliser des choses individuellement.

Instaurer un climat démocratique exige, de la part de l'éducatrice, l'adoption de stratégies générales dont découlent une série d'attitudes. En voici quelques exemples.

Tableau 2

Stratégies et attitudes pour créer un climat démocratique

Stratégies	Attitudes
Partager le pouvoir avec l'enfant afin d'instaurer un climat d'acceptation, de respect et de confiance mutuelle	• Intégrer les suggestions des enfants • Participer aux jeux des enfants en suivant les règles qu'ils ont établies • Accepter d'apprendre des enfants • Transmettre consciemment le contrôle de certaines tâches aux enfants
Miser sur les habiletés de l'enfant afin de l'aider à développer une image positive de lui-même	• Observer l'enfant afin de découvrir ses intérêts, ses habiletés et ses talents • Planifier des activités à partir des intérêts et des habiletés des enfants • Miser sur les forces de l'enfant plutôt que sur ses limites • Échanger avec les parents des renseignements sur les intérêts et habiletés de leur enfant
Établir des relations authentiques avec l'enfant afin de développer un respect mutuel	• Partager des expériences et des sentiments avec les enfants à partir de situations à leur portée • Être à l'écoute des intérêts de l'enfant et en tenir compte • Répondre honnêtement aux questions de l'enfant • Être sincère en démontrant à l'enfant tant ses habiletés que ses propres limites
Soutenir le jeu de l'enfant afin de créer un climat de plaisir et de détente	• Observer l'enfant afin de mieux comprendre la complexité et la richesse de ses jeux • Se laisser guider par le jeu de l'enfant en suivant les pistes qu'il propose • S'amuser et rire avec l'enfant
Adopter une approche soutenant la résolution de problèmes par les enfants	• Éviter de faire une action à la place de l'enfant • Reconnaître que l'enfant a la capacité de solutionner des problèmes • Stimuler la résolution de problèmes en encourageant les enfants à échanger leurs idées, à s'entraider et à résoudre leurs conflits entre eux.

4

Implantation d'un nouveau programme éducatif

Lien avec le programme existant

L'implantation d'un programme éducatif entraîne une série de changements dans un service de garde. Il provoque des discussions, amène une réflexion autour des valeurs et principes de base qui sous-tendent le programme. L'implantation d'un programme ne peut donc se faire sans une révision du fonctionnement existant. Le programme *Jouer, c'est magique* propose une approche pédagogique démocratique qui se concrétise par une série d'applications concrètes sur le plan de l'environnement, de l'horaire et du rôle de l'éducatrice. Plusieurs changements sont alors à prévoir au sein de l'organisation. Le service de garde conserve cependant certaines des valeurs culturelles et sociales qui le caractérisent depuis sa création tout en développant des orientations communes à l'ensemble du réseau des centres de la petite enfance.

Partenaires dans l'implantation

Si l'éducatrice joue un rôle prépondérant dans l'implantation du programme, le conseil d'administration, les parents et la responsable sont également des acteurs importants dans ce changement.

L'équipe d'éducatrices

Les éducatrices sont les principales initiatrices des changements proposés, car ce sont elles qui interviennent auprès des enfants. Un processus de changement peut cependant susciter des craintes. Tout comme l'enfant, l'éducatrice se retrouve dans une position d'apprentissage actif. Elle doit sentir qu'elle est respectée, qu'elle peut évoluer à son propre rythme et qu'elle peut recevoir le soutien de ses collègues. Les changements se feront alors graduellement en établissant une véritable relation de confiance et de respect entre les membres de l'équipe.

La responsable

La responsable est sans contredit le chef d'orchestre, celle qui guide l'équipe dans le changement en mettant en place les conditions favorables. Elle doit réussir à créer avec son équipe un partenariat dans un esprit démocratique. Elle coordonne l'implantation afin d'offrir à l'équipe les ressources matérielles et humaines nécessaires. Elle fait également le lien avec le conseil d'administration, le comité de parents, le comité pédagogique et l'assemblée générale.

Le conseil d'administration et le comité de parents

Les membres du conseil d'administration et du comité de parents doivent comprendre les changements proposés sur le plan pédagogique afin de pouvoir soutenir la responsable dans son rôle de coordination. Le conseil d'administration met en place des politiques de gestion des ressources humaines et financières qui facilitent le processus de changement. Ses membres doivent donc bien connaître les enjeux du programme pédagogique.

L'assemblée générale

Enfin, lors de la mise en place d'une nouvelle approche pédagogique, il est primordial d'en informer les parents. Les changements qui surviennent ayant une influence directe sur le quotidien de leurs enfants, il est essentiel de leur faire part du contenu du programme éducatif. Les rencontres entre parents et éducatrices ainsi que l'assemblée générale annuelle sont des occasions de présenter aux parents les assises du nouveau programme.

L'échange au quotidien et les communications écrites (babillard, journal, communiqué) sont également un excellent moyen pour les informer des nouveaux changements. Il est important de profiter de ces moments pour reprendre les concepts de base et examiner les incidences sur les plans de l'aménagement, de l'intervention et de l'animation. Plusieurs parents constatent des changements, sans pour autant en comprendre les raisons. Afin de maintenir un climat de confiance, il est donc essentiel de les amener à participer à la démarche d'implantation.

Une véritable relation démocratique doit se vivre parmi tous les acteurs du changement : tant les parents que les éducatrices et la responsable doivent travailler à la création de véritables liens de confiance, dans un climat de respect. Chaque acteur est responsable du changement et de la mise en place du nouveau programme. Chacun prend les responsabilités qui lui incombent afin de rendre possible ce changement. Chacun contribue à résoudre les problèmes qui surviennent avec ses talents et ses habiletés. Implanter *Jouer, c'est magique*, c'est accepter de vivre entre adultes ce que l'on propose de vivre aux enfants.

5

Les effets de l'apprentissage actif

L'enfant qui évolue dans un contexte d'apprentissage actif établit des relations différentes avec l'éducatrice. Ces interactions adulte-enfant ont une influence positive sur le climat social et affectif.

Offrir des choix diminue les conflits d'opposition entre l'adulte et l'enfant. L'éducatrice n'oblige plus l'enfant à faire une activité particulière: elle respecte ses goûts et intérêts.

L'activité planifiée et dirigée par l'éducatrice place souvent l'enfant en position d'attente, alors qu'il doit exécuter une action précise selon des directives communes à tous les enfants. L'enfant qui n'est pas motivé risque de s'opposer à l'activité et d'en perturber le déroulement.

En contrepartie, l'enfant qui s'adonne à une activité qui l'intéresse est actif et concentré, ce qui encourage l'apparition de comportements positifs. Le climat est alors plus calme et détendu.

Explorer activement augmente le sentiment de compétence chez l'enfant. Celui-ci reconnaît qu'il peut faire des essais, des tentatives et qu'il apprend par ses erreurs. L'enfant sait que son apprentissage sera toujours soutenu par l'éducatrice, qui pourra l'aider à résoudre ses problèmes. Il développe enfin un sentiment de compétence en ses capacités, car il n'est plus un acteur passif mais bien un apprenant actif.

S'il est vrai qu'un tel contexte d'apprentissage s'avère essentiel au développement de l'enfant d'âge préscolaire, que se passe-t-il lorsque ce dernier entre à l'école? Est-ce qu'un enfant qui, pendant plusieurs années, a évolué dans un contexte plus ouvert peut aisément s'adapter à un milieu où les possibilités de choix sont beaucoup moins nombreuses?

Certaines études[7] démontrent que les enfants qui ont évolué dans un contexte d'apprentissage actif lors de la période préscolaire s'adaptent bien à la nouvelle structure qu'est l'école. Ils se perçoivent alors comme des individus autonomes capables de résoudre des problèmes. Ce sentiment de compétence et de confiance en soi continue d'être présent chez les enfants plusieurs années après la fin du préscolaire.

Section 2

Jouer, c'est magique

Expériences clés et suggestions d'activités

1

Développement global et expériences clés

Le développement global de l'enfant

Le programme éducatif des centres de la petite enfance met l'accent sur un processus de développement global de l'enfant, dans toutes les dimensions de sa personne. Le développement global se poursuit à travers des activités que l'enfant réalise et par lesquelles sont sollicitées à la fois ses capacités physiques et motrices, intellectuelles, langagières, socio-affectives et morales.

Les expériences clés

Le programme s'articule autour d'une série d'expériences clés définies par le *High/Scope*, dans lesquelles l'enfant s'engage tout naturellement lorsqu'il joue. Ces expériences lui permettent de se développer globalement sur tous les plans.

Les expériences clés constituent l'ensemble des actions que fait l'enfant d'âge préscolaire. Elles décrivent la façon dont celui-ci perçoit le monde et déterminent ce qui est nécessaire pour qu'il se développe harmonieusement. Les expériences clés sont initiées naturellement par l'enfant lorsqu'il se retrouve en situation de jeu dans un contexte d'apprentissage actif. Il vit ces expériences à tout moment de la journée, il les répète jour après jour et les transpose dans diverses situations. L'enfant vit des expériences clés lorsqu'il interagit avec l'environnement physique (matériel varié organisé de façon spécifique) et l'environnement humain (adultes et enfants). Ces expériences ne sont pas organisées de façon prédéterminée tels des objectifs précis à atteindre ; elles sont vécues de façon spontanée et continuent alors que l'enfant entre en contact avec le monde qui l'entoure.

Les expériences clés constituent un cadre de référence autour duquel l'éducatrice organise son observation de l'enfant, son soutien dans ses apprentissages et l'environnement physique. Afin d'être en mesure d'adopter les interventions appropriées, l'observation de l'enfant est importante. Observer le jeu de l'enfant sous l'angle des expériences clés permet d'en comprendre la complexité, mais également la richesse qui fait du jeu son mode d'apprentissage premier. Cela permet également d'identifier les capacités de l'enfant, ses habiletés et ses talents, plutôt que de relever uniquement ses limites.

Ainsi, le simple jeu de sable où l'enfant s'amuse avec sa pelle et sa chaudière se transforme en une série d'expériences où ce dernier remplit et vide son contenant, contribuant ainsi au développement d'habiletés sur le plan des relations spatiales. L'éducatrice soutient l'enfant dans son développement en apprenant également à reconnaître les expériences vécues tout au long de la journée. Elle profite de tous les moments, dîner, détente ou atelier, pour stimuler l'enfant. Enfin, les expériences clés servent de points de référence lors de l'aménagement des coins et du choix du matériel. L'éducatrice a un souci constant d'offrir un environnement physique qui permet à l'enfant de vivre une variété d'expériences clés.

Les expériences clés se regroupent en fonction des différentes dimensions du développement global. Comme le tableau 1 l'indique, 58 expériences décrivent l'ensemble du développement global de l'enfant âgé entre deux et cinq ans. Les enfants plus jeunes ne vivent que certaines de ces expériences, notamment sur les plans social, affectif et moteur.

Tableau 1

Sphères de développement et nombre d'expériences clés[1*]

Sphères de développement de l'enfant	Nombre d'expériences clés
Développement socio-affectif et moral	9
Développement du langage	6
Développement de la représentation créative	6
Développement intellectuel :	
• Classification	7
• Sériation	3
• Nombres	3
• Espace	6
• Temps	4
Développement de la motricité	14

Sur le plan intellectuel, les expériences se réalisent grâce aux nouvelles capacités de l'enfant qui accède au stade préopératoire. La fonction symbolique n'étant pas acquise chez le très jeune enfant, celui-ci ne peut pas vivre l'ensemble des expériences clés décrites sur le plan du développement intellectuel.

On trouvera à l'annexe 1 l'ensemble des expériences clés pouvant favoriser le développement global de l'enfant.

* La numérotation correspond à celle des références présentées à la fin de l'ouvrage.

2

Suggestions d'interventions

Le présent chapitre illustre, sous forme de tableaux, les expériences clés se rapportant aux différentes dimensions du développement de l'enfant. Chaque tableau est suivi d'une série de suggestions afin de soutenir l'enfant dans la poursuite des expériences clés. Ces interventions sont classées selon que l'éducatrice désire:

- aider l'enfant à planifier et à choisir une activité;
- soutenir l'enfant au cours d'une activité;
- échanger avec lui en faisant un retour en arrière sur une activité réalisée;
- animer une activité en petit groupe;
- animer une activité en grand groupe;
- soutenir l'enfant lors d'activités de base telles que le repas et la détente.

Noter que ces activités sont tirées des ouvrages *Young Children in Action*[2], *The Teacher's Idea Book*[3], et *A Study Guide to Young Children in Action*[4].

Développement socio-affectif et moral

Les expériences clés permettent à l'enfant de renforcer les bases de sa personnalité en favorisant son développement social, affectif et moral. Dans un environnement stimulant, l'enfant apprend à faire confiance aux autres; cette confiance est nécessaire pour qu'il puisse explorer et apprendre. Il développe son autonomie, ce sentiment d'être capable de faire ses propres choix, d'initier ses propres actions et de se reconnaître comme un être distinct des autres. Son initiative est stimulée alors qu'il est encouragé et aidé à faire de la résolution de problèmes, à poursuivre une action jusqu'à son accomplissement final. L'enfant développe son empathie, ce qui lui permet de comprendre les sentiments des autres en faisant référence à ses propres sentiments. Cette capacité émergente est à la base de l'amitié et du sentiment d'appartenance. Enfin, un environnement stimulant développe l'estime de soi, ce sentiment d'être capable de contribuer positivement aux événements de la vie quotidienne. Cette capacité permet à l'enfant de faire face aux situations difficiles. L'estime de soi ne peut se développer que si la confiance, l'autonomie, l'initiative et l'empathie sont bien enracinées et que l'enfant vit des expériences de succès.

Tableau 2

Expériences clés favorisant le développement socio-affectif et moral de l'enfant

Favoriser le *développement socio-affectif et moral* en fournissant à l'enfant l'occasion :

1. d'exprimer et de réaliser des choix, de planifier et de décider ;
2. de reconnaître un problème et de le résoudre ;
3. d'exprimer et de comprendre les sentiments : joie, colère, tristesse ;
4. de répondre à ses propres besoins : assurer son autonomie de base sur le plan de l'alimentation, de la propreté, de l'habillage et de l'accomplissement de tâches quotidiennes ;
5. de comprendre le déroulement de l'horaire quotidien par rapport à ses attentes ;
6. d'être sensible aux sentiments, intérêts et besoins des autres ;
7. de créer des liens avec les adultes et les enfants ;
8. d'initier et d'expérimenter le jeu coopératif ;
9. de développer des stratégies pour mieux négocier les conflits sociaux.

Voici quelques suggestions pour soutenir ces expériences clés à différents moments de la journée.

Période d'atelier

Soutenir la planification

1. Aider l'enfant à planifier son atelier en lui demandant d'annoncer quelle activité il fera et de décrire la façon dont il utilisera le matériel comme, par exemple : « Que feras-tu avec la pâte à modeler ? » « Montre-moi le mouvement que feront tes doigts ».
2. Aider l'enfant à préciser sa pensée en le questionnant sur le but de son activité ; dessiner ou écrire ce que l'enfant verbalise afin que celui-ci visualise mieux sa pensée.

Soutenir le jeu

1. Faire pousser des plantes : les enfants auront tour à tour la responsabilité d'en prendre soin.
2. Amener l'enfant à développer son autonomie dans la réalisation de son activité. L'encourager à faire seul ce qu'il peut exécuter : éviter cependant les défis trop grands qui conduisent à l'échec.
3. Encourager le jeu coopératif entre les enfants : « Demande à ton copain s'il veut bâtir une maison avec toi. »
4. Encourager les enfants à s'entraider : « Veux-tu demander à Jean de t'aider à essuyer les gouttes de peinture sur le plancher ? »
5. Lors d'un conflit avec un autre, amener l'enfant à reconnaître les sentiments exprimés, le problème vécu et à trouver une solution positive grâce au soutien de l'éducatrice.

Soutenir le retour en arrière

1. Questionner l'enfant sur une difficulté survenue lors de l'atelier et la solution trouvée pour y remédier.
2. Amener les enfants à décrire les expériences de coopération vécues lors de l'atelier.
3. Au moment où l'enfant décrit son atelier, le questionner sur les sentiments vécus : joie devant la réussite, frustration devant l'échec.

Activité en petit groupe

1. Lors de la planification de cette activité, prévoir suffisamment de latitude pour que l'enfant ressente qu'il peut faire des choix même si c'est l'adulte qui est l'initiateur.
2. Présenter différentes situations de vie et demander à l'enfant de reconnaître les sentiments ressentis par les personnages :

   Exemple :

   tomber à bicyclette ; recevoir un cadeau ; aider un ami à s'habiller.
3. Présenter un jeu de société où l'enfant aura à s'associer à un autre ami.

Activité en grand groupe

1. Initier des jeux coopératifs en utilisant du matériel incitatif, tel qu'un parachute.
2. Initier des activités de danse où les enfants ont à se mettre deux par deux pour exécuter des pas :

   Exemple :

   danse mexicaine
3. Initier des jeux avec des cerceaux où les enfants doivent coopérer.

   Exemple :

   cerceau-tracteur : un enfant se couche à plat ventre et tient un cerceau dans ses mains. Un ou deux enfants tirent le cerceau de façon à faire glisser celui qui le tient.

Activités de base

1. Même si le temps de réalisation est plus long, il est important de **ne pas faire les choses à la place de l'enfant** ; il développera ainsi une plus grande confiance en lui en se percevant comme un véritable réalisateur.
2. Tout au long de la journée, amener l'enfant à être à l'écoute des besoins exprimés par ses copains.

Développement du langage, de la lecture et de l'écriture

Le langage est un outil de communication qui permet à la pensée de s'organiser. Les habiletés langagières de l'enfant se développent dans un environnement riche en expériences sur le plan de la **communication orale et écrite.** L'adulte joue un rôle de soutien en enrichissant le langage parlé par la répétition et la reformulation des propos de l'enfant.

Le langage écrit occupe également une place importante, car il peut être intégré aux activités quotidiennes. L'enfant s'éveille à la lecture et à l'écriture en manipulant du matériel où sont notés des mots et des phrases. Il ne s'agit pas de montrer à l'enfant à écrire et à lire, mais plutôt d'organiser un environnement où les lettres occupent une place de choix: des affiches au mur, des livres, des lettres aimantées avec lesquelles l'enfant peut jouer.

L'éducatrice qui adopte un style démocratique a un souci de stimuler l'enfant dans le développement de son langage en nommant les objets qui l'entourent, en les décrivant, en commentant les actions de ce dernier et en le questionnant de manière à l'amener à décrire ses actions à son tour. La lecture de livres, les chansons et les comptines constituent également des moyens privilégiés pour stimuler les habiletés langagières du jeune enfant.

Tableau 3

Expériences clés favorisant le développement du langage, de l'écriture et de la lecture

Favoriser le *développement du langage, de l'écriture et de la lecture* en fournissant à l'enfant l'occasion:

1. d'échanger avec les autres sur des expériences personnelles: converser, exprimer sa pensée et ses sentiments;
2. de décrire les objets, les événements et les liens entre eux;
3. de jouer avec les mots: chanter, réciter des comptines, écouter et inventer des histoires;
4. d'écrire de diverses façons: dessiner, tracer des formes, inventer des lettres;
5. de lire (des symboles, des lettres, des mots);
6. de faire écrire par l'adulte les mots dits afin qu'ils puissent être relus: noter les paroles, permettant ainsi à l'enfant de comprendre que tout ce qu'il dit peut être écrit et qu'il s'agit d'une autre façon d'exprimer sa pensée et ses émotions.

Voici quelques suggestions pour soutenir ces expériences clés à différents moments de la journée.

Période d'atelier

Soutenir la planification

1. Demander à un enfant de raconter ce qu'il a fait lors de l'atelier précédent; inviter les enfants qui désirent utiliser le même matériel à décrire verbalement l'activité qu'ils veulent réaliser.
2. Amener l'enfant à décrire l'activité choisie en chantant ou en utilisant une phrase rythmée.
3. Noter par écrit la planification faite par l'enfant et la lui relire par la suite.
4. Utiliser une marionnette, le téléphone ou un microphone afin d'encourager l'enfant à décrire son atelier.

Soutenir le jeu

1. Encourager l'échange entre enfants : soumettre les questions ou problèmes d'un enfant à un autre afin qu'ils échangent, s'aident et trouvent ensemble des solutions.
2. Favoriser l'écoute active en encourageant les enfants à prêter l'oreille aux conversations se déroulant autour d'eux.
3. Encourager l'enfant à exprimer verbalement ses sentiments.
4. Fournir une attention particulière à l'enfant qui nous parle ; se mettre à son niveau et établir un bon contact visuel.
5. Respecter le rôle que joue l'enfant dans ses échanges avec l'adulte : mettre d'abord l'accent sur le contenu du discours et laisser l'enfant prendre la direction de la conversation. Dans un deuxième temps, lorsqu'un lien de confiance a été créé, travailler à corriger la forme du discours.
6. Conserver un équilibre entre les échanges adulte-enfants : la voix de l'adulte ne doit pas être omniprésente au sein du groupe.
7. Dialoguer avec l'enfant qui parle peu afin de l'inciter à utiliser la parole plutôt que le geste.
8. Aménager un coin lecture avec une variété de livres.
9. Noter par écrit ce que l'enfant raconte à propos d'une activité.
10. Mettre un magnétophone à la disposition des enfants : y enregistrer des histoires pouvant être écoutées tout en regardant les images des livres.
11. Aménager un coin écriture où se trouvent des formes de lettres (en carton, en plastique, en bois) que l'enfant peut tracer. Ajouter une machine à écrire ou un ordinateur permettant à l'enfant de reproduire des lettres.

Soutenir le retour en arrière

1. Utiliser une marionnette pour décrire les activités poursuivies lors de l'atelier ; demander à chaque enfant de compléter cette description en utilisant également une marionnette.
2. Faire écouter à l'enfant l'enregistrement de sa planification d'atelier ; lui demander s'il a réalisé ce qu'il avait planifié.
3. Fournir du papier et des crayons et demander à l'enfant de dessiner l'activité poursuivie lors de l'atelier. Écrire ensuite les paroles de l'enfant décrivant le dessin et rassembler le tout dans un livre pouvant être disposé dans le coin lecture.

Activité en petit groupe

1. Fabriquer des marionnettes à partir de sacs en papier, de tissus, de laine, etc.
2. Souligner les événements spéciaux en fabriquant avec les enfants des cartes de souhaits où un espace sera réservé pour écrire un petit mot.
3. Raconter des histoires ; permettre aux enfants d'en inventer à leur tour et de les raconter au groupe.

4. Inventer des histoires et des chansons à partir d'images ou de certaines situations; les noter par écrit.
5. Fabriquer avec les enfants leurs propres livres d'histoire à partir de morceaux de tissus, d'images, etc.

Activité en grand groupe

1. Privilégier les chansons où l'enfant exécute des mouvements.
2. Introduire des jeux d'imitation.
3. Raconter des histoires en mode **interactif,** où les enfants peuvent participer activement en répétant des mots, en bougeant, etc.

Activités de base

1. Présenter quotidiennement de nouveaux mots pour accompagner les expériences concrètes.
2. Demander à l'enfant de parler de sa famille, de ses jeux et de ses amis.
3. Privilégier les questions ouvertes: celles qui amènent l'enfant à décrire plutôt qu'à répondre «oui» ou «non».

Exemple :

« Qu'as-tu fait avant la détente ? » au lieu de « As-tu joué au ballon ? »

La première question entraîne une réponse qui nécessite plus d'un mot; l'enfant peut ainsi exprimer ses idées et ses émotions tout en développant sa capacité à organiser ses phrases.

Développement de la représentation créative

Un des aspects les plus importants du développement est la capacité de représenter le monde de différentes façons: le modelage, le dessin, l'imitation et les jeux de rôles constituent des activités par lesquelles l'enfant représente ce qui l'entoure.

L'enfant devient capable de représentations de plus en plus complexes au fur et à mesure que sa pensée se développe. Très tôt, il apprend à reconnaître les objets: l'orange posée sur la table, la pelure et les pépins. Peu à peu, il devient capable de les reconnaître sur une image, dans un livre, dans une annonce publicitaire à la télévision. L'enfant complexifie ses représentations et réussit bientôt à dessiner l'orange avec de la peinture tactile ou à sculpter sa forme avec de la pâte à modeler.

Il en va de même pour l'imitation; du premier *salut* de la main, l'enfant imite nos moindres gestes pour devenir à son tour un excellent comédien! L'adulte fait également des représentations: le théâtre, la peinture, la photographie, la sculpture, l'écriture ne sont que quelques activités où il tente de reproduire sous forme visuelle le monde qui l'entoure.

Tableau 4

Expériences clés favorisant le développement de la représentation créative

Favoriser le *développement de la représentation créative* en fournissant à l'enfant l'occasion:

1. de reconnaître les objets avec les différents sens (la vue, l'ouïe, le toucher, l'odorat et le goûter);
2. d'imiter des actions et des sons;
3. d'associer des images et des photographies à des objets et lieux réels: reconnaître un objet sur une image, se reconnaître sur une photographie;
4. de faire des jeux de rôles, d'imiter;
5. de faire des modèles avec de l'argile, des blocs, etc.: manipuler du matériel afin de créer des représentations en trois dimensions;
6. de dessiner et de peindre: manipuler du matériel afin de créer des représentations à deux dimensions.

Voici quelques suggestions pour soutenir ces expériences clés à différents moments de la journée.

Période d'atelier

Soutenir la planification

1. Introduire le jeu de rôles en fournissant du matériel pour imiter des conversations téléphoniques; on peut aussi demander aux enfants de représenter des personnages tout en exposant aux autres le choix de leur atelier.
2. Afin d'aider l'enfant à faire le lien entre un objet réel et son image, lui demander de prendre un jouet dans le coin d'activités choisi pour l'atelier et de le dessiner sur une feuille de papier. Inscrire le nom de l'objet tracé.
3. Fournir différentes images d'objets situés dans les coins d'activités; l'enfant peut planifier son atelier en expliquant aux autres comment il utilisera le matériel.
4. Fournir des cartes symbolisant chaque coin d'activités; l'enfant choisit la carte correspondant à son atelier.
5. En s'inspirant des points 3 et 4, fabriquer un tableau de planification avec les cartes symbolisant le coin d'activités et les différentes images des objets que l'on y trouve.
6. Fabriquer un tableau de planification à partir d'une planche de bois sur laquelle est fixée une grande feuille de papier. Chaque enfant y dessine un objet trouvé dans le coin d'activités choisi. Chaque enfant peut avoir son propre petit tableau, qui peut également être collectif si on le fixe au mur.

7. Demander à un ou deux enfants d'aller chercher le matériel avec lequel ils planifient de jouer lors de l'atelier; demander aux autres enfants de fermer les yeux et d'essayer de deviner le matériel choisi en l'explorant activement avec leurs sens.

Soutenir le jeu

1. Dans le coin cuisine, disposer des boîtes contenant le matériel nécessaire pour élaborer différents jeux de rôles. Par exemple, la boîte de l'épicerie peut contenir une caisse enregistreuse, des sacs de papier, des contenants d'aliment vides, un tablier blanc. Cette boîte peut être tapissée d'images relatives à l'épicerie.
2. Dans le coin cuisine, mettre à la disposition des enfants des appareils photo jouets ou réels et leur demander de développer leurs photographies en les dessinant sur du papier.
3. Aménager un coin de fabrication de livres, connexe au coin lecture où l'enfant peut créer son propre livre à partir de papier, crayons, colle, ficelle, laine, etc.
4. Participer activement au jeu de rôles de l'enfant; introduire les sons des objets manipulés; enrichir les représentations mentales: «De quoi avons-nous besoin pour faire cuire le poisson que tu as attrapé?».
5. Aider l'enfant à faire des liens avec l'activité d'un autre enfant: «Je vois que tu t'es habillée pour aller danser. Je me demande si David pourrait venir te chercher avec l'auto qu'il a fabriquée dans le coin du bricolage».
6. Afin d'aider l'enfant à reconnaître les objets et les personnes par le bruit qu'ils produisent, enregistrer la période d'atelier et demander à chacun, lors du retour en arrière, de deviner les sons entendus.
7. Fournir différents objets à partir desquels l'enfant peut peindre: bouchon de liège, coton-tige, éponge, ficelle.
8. Fournir différents objets avec lesquels l'enfant peut faire des représentations en trois dimensions: dans le coin cuisine, des morceaux de bois ou de mousse de polyuréthanne peuvent servir à imiter les aliments.
9. Faire observer à l'enfant les empreintes laissées par son corps dans la neige, dans la boue ou sur du papier à l'aide de gouache. Fournir du matériel à imprimer tel que des tampons encreur, éponges, légumes.
10. Fournir des boîtes à surprises pour sentir, goûter ou écouter.
11. Lorsqu'il dessine, suggérer à l'enfant de se servir de modèles en allant chercher un jouet représentant ce qu'il veut faire.
12. Compléter l'aménagement des coins d'activités en introduisant du matériel réel: assiettes, tasses et poêlons de grandeur nature.
13. Demander à l'enfant d'utiliser de façon imaginative le matériel disponible: par exemple, amener l'enfant qui joue continuellement avec les camions à en construire un avec le matériel de bricolage ou en faire une représentation avec de la peinture.

Soutenir le retour en arrière

1. Rassembler une série d'objets utilisés lors de l'atelier et les cacher sous une couverture ; demander à chacun de deviner un objet par le toucher.
2. Encourager l'enfant à représenter avec de la pâte à modeler ce qu'il a fait lors de l'atelier.
3. Demander à l'enfant qui a peint de démontrer au groupe les mouvements exécutés avec son pinceau.
4. Demander à l'enfant de mimer l'activité faite lors de l'atelier.
5. Faire un jeu de devinettes en dessinant un objet utilisé lors de l'atelier; demander ensuite au groupe d'identifier l'objet mystère et l'enfant qui l'utilisait.

Activité en petit groupe

1. Sensibiliser l'enfant aux ombres de son corps selon la position du soleil; répéter l'expérience à l'intérieur, grâce aux ombres chinoises.
2. Fabriquer un livre en demandant à chaque enfant de dessiner une page ; noter ensuite l'histoire sur chacune des pages.
3. Profiter de cette période pour introduire du matériel plus complexe : argile, crayons pastels ou aquarelle.
4. Inviter un parent et son jeune bébé à venir passer un moment au service de garde ; amener les enfants à la pouponnière afin d'observer les soins donnés. Encourager les enfants à reproduire les mêmes soins avec les poupées. Fournir de vraies couches, des biberons jouets, etc.
5. Faire des visites dans la communauté et rapporter des objets qui pourront être disposés dans les coins d'activités : un chapeau de pompier, un carnet de commandes. Prendre des photographies et les mettre à la disposition des enfants.

Activité en grand groupe

1. Raconter une histoire et demander aux enfants d'en reprendre des extraits et d'en faire l'imitation.
2. Chanter *Dans la ferme à Mathurin* et demander à chacun d'imiter un animal.
3. Jouer à *Simon dit* en demandant aux enfants d'imiter les gestes faits par le meneur de jeu.
4. Demander au groupe de modifier l'action des personnages de chansons connues :

   Exemple :

   « Achetons du bois pour la Mère Nicholas, livrons du bois à la Mère Nicholas ». En faire l'imitation.
5. Raconter des histoires à partir de planches en tissu où l'enfant peut coller ou enlever les objets et les personnages.

Activités de base

1. Inscrire le nom de l'enfant sur tous ses effets personnels pour que celui-ci visualise les formes des lettres de son nom.
2. Associer le nom de l'enfant à un symbole.
3. Toujours demander d'abord à l'enfant ce qu'il a représenté afin de ne pas lui imposer notre vision ou notre interprétation de son dessin.
4. Lors du repas ou de la collation, faire reconnaître les aliments en n'utilisant qu'un sens à la fois (ex. : odorat, toucher, etc.).
5. Favoriser l'utilisation de pictogrammes pour présenter aux enfants les différentes étapes d'une action.

Figure 1

Pictogrammes illustrant les différentes étapes d'une action

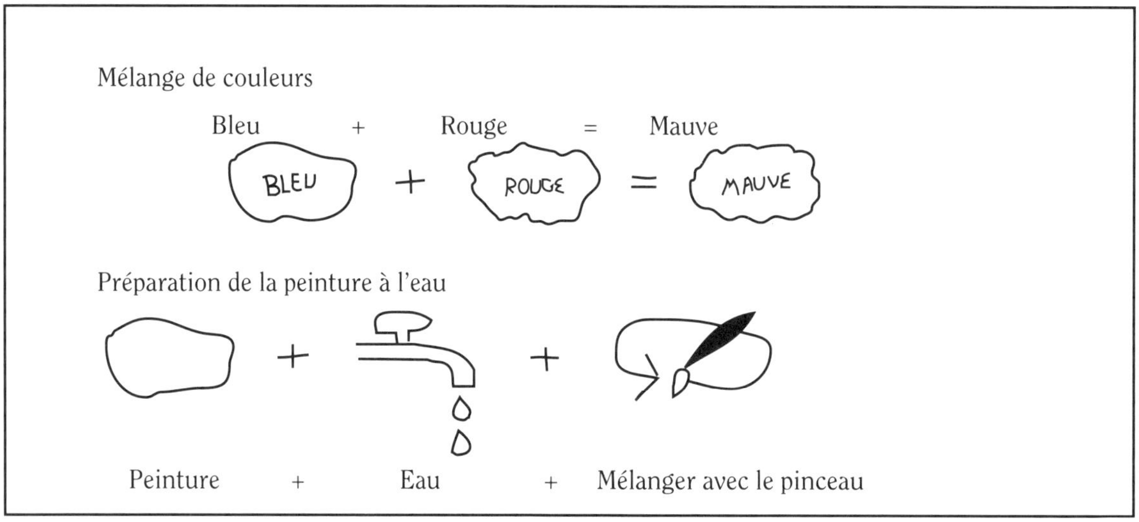

6. Tout au long de la journée, sensibiliser l'enfant aux formes, aux odeurs, aux saveurs, aux textures et aux sons des objets qu'il manipule. Lui faire décrire les textures des vêtements qu'il porte ou l'odeur du fruit qu'il mange.

Développement intellectuel

Le concept de la classification

L'enfant d'âge préscolaire aime classer les objets ; il s'amuse à mettre tous les blocs rouges dans un même contenant, toutes les petites voitures dans un même panier. Il peut ainsi observer les similarités entre les objets qui ne sont pas identiques en choisissant alors un critère commun. Dans notre monde, la classification est omniprésente. Dans la cuisine, par exemple, les assiettes, les tasses, les soucoupes et les ustensiles sont rangés en fonction des attributs de chacun. Dans la chambre à coucher, au bureau, à la bibliothèque, au supermarché, au magasin à rayons et à la quincaillerie, les objets sont classés afin d'organiser l'environnement.

Tableau 5

Expériences clés favorisant le développement intellectuel sur le plan de la classification

Favoriser le *développement intellectuel sur le plan de la classification* en fournissant à l'enfant l'occasion :

1. de reconnaître et de décrire les similitudes, les différences et les attributs des objets ;
2. de reconnaître et de décrire les formes ;
3. de trier et d'apparier ;
4. d'utiliser un objet de différentes façons et de le décrire selon différents attributs ;
5. d'identifier plus d'un attribut à la fois ;
6. de différencier les concepts *aucun, quelques* et *tous* ;
7. d'identifier un objet selon des attributs qu'il ne possède pas ou selon une classe à laquelle il n'appartient pas.

Voici quelques suggestions pour soutenir ces expériences clés à différents moments de la journée.

Période d'atelier

Soutenir la planification

1. Disposer sur la table une série d'objets provenant des coins d'activités ; demander à chacun s'il peut y trouver un objet identique à celui avec lequel il jouera lors de l'atelier.
2. Faire un jeu de devinettes : demander à chaque enfant de mettre dans un sac un objet se trouvant dans le coin d'activités choisi. Demander ensuite à chacun de décrire l'objet afin que le groupe puisse le deviner.
3. Demander à chaque enfant s'il aura besoin de toute la période de l'atelier ou d'une partie seulement, pour faire son activité.

4. Inscrire les symboles des coins d'activités sur une feuille servant de tableau de planification; demander à chaque enfant de faire un trait sur les coins qu'il ne visitera pas lors de l'atelier.
5. Donner la parole à tour de rôle en identifiant l'enfant par un attribut qui lui est propre: couleur du pantalon, des yeux, etc.
6. Demander à chaque enfant de se rendre dans le coin d'activités choisi et de rapporter deux objets possédant des différences précises: un objet léger, l'autre lourd; un objet lisse, l'autre rugueux, etc.

Soutenir le jeu

1. Encourager l'enfant à classifier; lui suggérer de fabriquer un collier avec des perles de même couleur, de construire une maison avec des blocs de même forme.
2. Encourager la reconnaissance des similitudes et différences; dans le coin des déguisements, fournir des vêtements qui s'attachent avec des fermetures éclair, des boutons, des boutons-pression.
3. Décrire les objets en fonction de deux attributs plutôt qu'un seul; encourager l'enfant à faire de même.
4. Demander à l'enfant de fabriquer un collier en excluant un attribut: sans parler des perles bleues. Reprendre l'expérience à l'intérieur des différentes activités de la journée.

Soutenir le retour en arrière

1. Faire un jeu de devinettes en décrivant un objet utilisé par un enfant lors de l'atelier; encourager les enfants à faire de même lors de leur retour en arrière.
2. Cacher sous une couverture des objets utilisés; demander à chacun d'y toucher en décrivant les attributs de l'objet.

Activité en petit groupe

1. Fournir plusieurs contenants permettant de classer différents objets; au fur et à mesure que les enfants développent de nouvelles habiletés, utiliser plus d'un attribut pour la classification.
2. Apporter plusieurs paires de bas, de mitaines et de boucles d'oreilles; mêler le tout et demander à l'enfant d'apparier les objets.
3. Fournir différents types de papier (crêpé, de construction, aluminium, ciré et glacé) et demander à chaque enfant de décrire les similitudes et différences.
4. Amener les enfants au supermarché afin de voir l'étalage des fruits et légumes.
5. Présenter des fruits et légumes similaires et différents (pommes rouges et vertes, choux rouges et verts) et demander d'en reconnaître les attributs communs et différents.
6. Fournir des objets aimantés et non aimantés ainsi que des aimants; laisser les enfants expérimenter à leur guise.
7. Faire un collage à partir d'images de magazines et de catalogues; demander aux enfants de classer les objets par catégorie.

Activité en grand groupe

1. Adapter la chanson *Savez-vous planter des choux?* en nommant deux parties du corps en même temps.
2. Durant une ronde, demander à chacun d'improviser un couplet décrivant les vêtements de son voisin immédiat.
3. Lors d'un jeu de groupe, demander à chacun de se placer à côté d'un objet ayant un attribut particulier (ex.: un objet en bois).
4. Questionner les enfants sur les similitudes et différences des couleurs des vêtements de leurs amis. Former une ronde où chaque enfant aura à aller au centre selon la couleur de ses vêtements. Introduire une variante en questionnant les enfants sur des attributs qu'ils ne possèdent pas.

Activités de base

1. Agrémenter la période du rangement en fournissant des consignes selon les attributs des objets: « Rangeons d'abord les blocs de bois de forme carrée ».
2. Varier le rangement sur les étagères selon les formes et les couleurs des objets qui s'y trouvent. Demander à l'enfant de ranger en excluant des catégories comme les objets sans roues. Étiqueter les étagères à l'aide de pictogrammes afin que l'enfant puisse bien reconnaître le classement demandé.

Figure 2

Exemples pour le rangement des étagères

Présenter un rangement de l'étagère pour le coin des blocs selon leur forme afin de permettre le classement de sous-groupes.

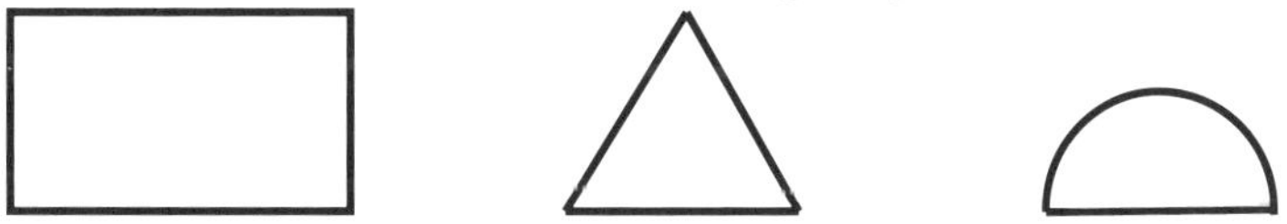

Rectangle | Triangle | Demi-cercle

Présenter un système de rangement selon des exclusions de catégories, comme dans le cas de bacs contenant des autos, des camions et des trains de petits formats.

Bac des autos | Bac des camions | Bac des trains

Utiliser au maximum l'identification des catégories dans tous les coins d'activités et les aires de service.

Le concept de la sériation

La sériation constitue, avec la classification, l'une des habiletés logiques importantes à développer. La sériation est un apprentissage cognitif portant sur les relations entre les objets alors qu'ils sont ordonnés selon leur poids, leur volume, leur température, etc. Le jeune enfant s'éveille à la sériation en comparant des objets différents et en les ordonnant selon une dimension, soit la longueur, la grosseur ou la hauteur.

Tableau 6

Expériences clés favorisant le développement intellectuel sur le plan de la sériation

Favoriser le *développement intellectuel sur le plan de la sériation* en fournissant à l'enfant l'occasion :

8.* de comparer (selon une dimension) : plus long/plus court, plus petit/plus gros ;

9. d'ordonner des objets et de faire des séries en décrivant les relations existant entre les éléments : du plus long au plus court, bleu – rouge – bleu – rouge ;

10. d'associer un ensemble d'objets à un autre (par essai et erreur) : petite soucoupe – petite tasse, grande soucoupe – grande tasse.

Voici quelques suggestions pour soutenir ces expériences clés à différents moments de la journée.

Période d'atelier

Soutenir la planification

1. Demander à l'enfant de dessiner ce qu'il désire faire lors de l'atelier; offrir un choix de crayons (petits, moyens et longs) et de papier de teintes différentes; demander à l'enfant de formuler clairement ses choix.
2. Introduire un jeu de devinettes en comparant un attribut de l'enfant : « celui qui a les cheveux les plus longs sera le premier à nous décrire l'activité choisie ».
3. Questionner les enfants sur leur choix en comparant les coins d'activités : « Qui désire aller dans le coin le plus mouillé (celui des jeux d'eau) ? »

Soutenir le jeu

1. Dans le coin des poupées, introduire des vêtements et des poupées de différentes grandeurs; insister pour que les enfants mettent à leur poupée les vêtements de la bonne grandeur.
2. Dans chaque coin d'activités, offrir du matériel similaire de différentes grandeurs. Dans le coin cuisine, les poêlons peuvent être suspendus en ordre croissant; apposer des formes correspondantes afin d'aider les enfants à apparier les objets.

* La numérotation de ces points emprunte celle du tableau de l'annexe 1.

Formes apposées au mur selon un ordre croissant de grandeur

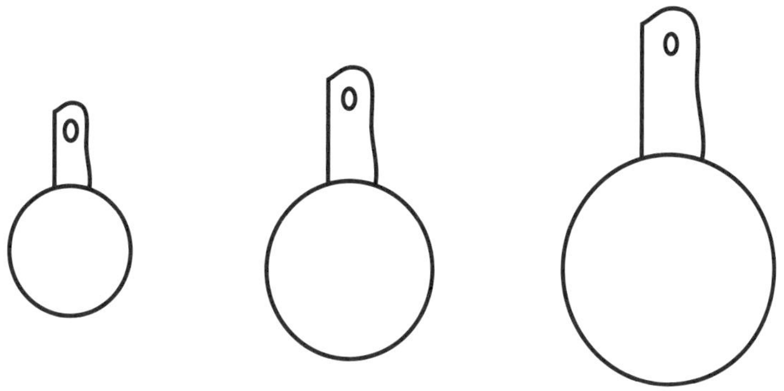

Dans le coin de manipulation, offrir des bocaux et couvercles de différentes dimensions, des vis et boulons de différents diamètres, des clés et des cadenas de différentes grosseurs.

Dans le coin d'expression plastique, fournir des pinceaux de différentes largeurs.

Dans le coin des sciences, disposer des roches de différentes grosseurs; permettre aux enfants d'en comparer le poids à l'aide d'une balance.

Soutenir le retour en arrière

1. Demander à chaque enfant de montrer au groupe l'objet le plus gros ou le plus petit avec lequel il a joué.
2. Tirer à la courte paille; l'enfant ayant la paille la plus courte débute le premier.
3. Demander à deux enfants de comparer leur grandeur; le plus petit débute et ainsi de suite, jusqu'à ce que tous les enfants aient raconté leur atelier.

Activité en petit groupe

1. Les activités culinaires sont intéressantes, car elles permettent de comparer la consistance des aliments. Faire du beurre constitue une expérience intéressante: verser de la crème 35 % dans un petit bol et brasser en exécutant des mouvements en huit. Comparer les changements dans la consistance de la crème. Faire des biscuits ou des crêpes de différentes grosseurs.
2. Percer une planche de bois de plusieurs trous de différents diamètres; fournir ensuite des vis et boulons de différentes grosseurs, adaptés aux trous percés.

Activité en grand groupe

1. Modifier des jeux comme *Simon dit* en donnant comme consigne:
   - courir jusqu'à un objet plus long qu'un crayon;
   - courir jusqu'à un objet plus loin que le poteau.
2. Raconter l'histoire des *Trois Ours*; demander aux enfants de l'imiter.
3. Demander aux enfants d'imiter des fleurs qui poussent au printemps.

Activités de base

1. Au moment de la collation, demander à l'enfant de séparer, avec les mains, un aliment en morceaux de différentes grosseurs; lui demander ensuite de les aligner en ordre décroissant en expliquant aux autres la position respective de chaque morceau.
2. Au moment du rangement, demander aux enfants de replacer les objets en ordre décroissant.

Le concept des nombres

À travers ses jeux où il associe, groupe et compare, l'enfant s'éveille peu à peu au concept des nombres. Il ne peut cependant pas véritablement compter, car il n'a pas acquis la **notion de conservation.** La conservation est une habileté mentale qui consiste à pouvoir reconnaître une même quantité de matière en dépit de son changement d'apparence. En voici une illustration concrète.

Sur quatre feuilles différentes, disposer les ensembles suivants (un ensemble par feuille):

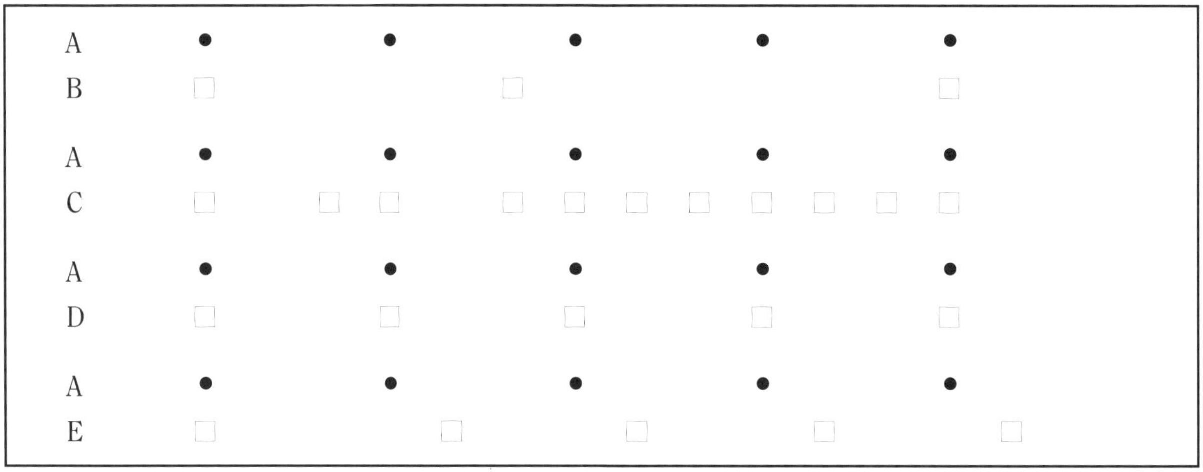

Demander à chaque enfant de comparer les éléments de chaque ensemble A B, A C, A D et A E. Noter les réponses.

On constate que l'enfant de moins de cinq ans n'a pas acquis la notion de conservation des nombres; ainsi, bien qu'il dénombre une même quantité d'objets, c'est l'organisation spatiale qui influence son jugement. Ainsi, l'ensemble E étant plus long que l'ensemble A, le jeune enfant aura tendance à conclure qu'il y a plus de carrés que de cercles. Il jugera probablement aussi que les ensembles A et C sont équivalents, car ils ont la même longueur.

Malgré le fait que cette notion n'est pas acquise par l'enfant, ce dernier peut vivre des expériences clés qui l'amènent à manipuler du matériel en comparant différentes quantités ou en associant un ensemble d'objets à un autre. Ces expériences permettront à l'enfant de saisir progressivement la notion de conservation.

Tableau 7

Expériences clés favorisant le développement intellectuel sur le plan du concept des nombres

> Favoriser le *développement intellectuel sur le plan du concept des nombres* en fournissant à l'enfant l'occasion :
>
> 11.* de comparer des quantités de deux ensembles d'objets : plus, moins, équivalent ;
> 12. d'associer deux ensembles d'objets selon une correspondance un à un ;
> 13. de compter des objets.

Voici quelques suggestions pour soutenir ces expériences clés à différents moments de la journée.

Période d'atelier

Soutenir la planification

1. Questionner l'enfant sur la quantité d'objets qu'il utilisera lors de l'atelier.
2. Donner une carte avec un chiffre à chaque enfant ; appeler les enfants à tour de rôle en composant un chiffre au téléphone ; bien mettre en évidence le numéro composé afin que chacun puisse associer la forme de celui-ci à sa carte.
3. Demander à chaque enfant d'aller chercher deux objets (un dans chaque main) dans le coin d'activités choisi.

Soutenir le jeu

1. Tout au long de l'atelier, sensibiliser l'enfant aux quantités en dénombrant avec lui les objets avec lesquels il joue ; le questionner sur les quantités.
2. Organiser le matériel de façon à ce que l'enfant puisse faire de la correspondance un à un. Dans le coin cuisine, s'assurer qu'il y a une soucoupe pour chaque tasse, un crochet pour chaque poêlon et un couvercle pour chaque pot.
3. Dans le coin lecture, fournir des livres relatifs aux chiffres et aux quantités.
4. Demander à l'enfant d'estimer des quantités : « Crois-tu que le sable dans ta chaudière peut être vidé entièrement dans ce contenant ? »
5. Dans le coin des blocs, demander à l'enfant qui construit une tour de comparer la quantité de blocs utilisés avec celle de son voisin.
6. Au moment où l'enfant regarde des livres ou des photographies, lui demander de dénombrer les objets figurant sur les images.

* La numérotation de ces points emprunte celle du tableau de l'annexe 1.

Soutenir le retour en arrière

1. À partir du tableau de planification, demander combien d'enfants ont joué dans chacun des coins d'activités.
2. Donner la parole à tour de rôle en identifiant des caractéristiques spécifiques : une amie ayant une tresse, deux pinces à cheveux, etc.

Activité en petit groupe

1. Fournir de petits objets tels que des boutons et demander à l'enfant de les compter.
2. Dans le coin des jeux d'eau et de sable, présenter des activités où l'enfant aura à comparer des quantités ou des volumes dans différents contenants.
3. Fabriquer un livre ; donner comme consigne qu'une seule image soit apposée sur chacune des pages.
4. Fournir du matériel à manipuler ; matériaux continus (eau, farine, sable) pouvant être mesurés et transvidés d'un contenant à un autre et des matériaux discontinus (billes, boutons ou blocs) pouvant être alignés et comptés. Demander à l'enfant de marquer d'un crochet, sur un tableau, chacun des objets dénombrés dont il pourra reconnaître la quantité en comptant le nombre de crochets.
5. Jouer à des jeux de cartes simples ; demander à chacun de distribuer, à tour de rôle, une carte à tous les participants.

Activité en grand groupe

1. Jouer à la chaise musicale en prenant soin, toutefois, d'avoir un nombre égal de chaises et d'enfants.
2. Présenter des chants et comptines où l'enfant doit compter.

Activités de base

1. Toujours accepter le chiffre que l'enfant assigne à chaque objet qu'il compte, même si ce chiffre ne respecte pas l'ordre réel. L'important, c'est que l'enfant réussisse à attribuer un seul chiffre à un objet et que celui-ci ne soit dénombré qu'une seule fois.
2. À l'heure des repas et des collations, établir un système où chaque enfant pourra, à tour de rôle, distribuer la vaisselle et les ustensiles.

Le concept d'espace

Quotidiennement, des situations surgissent où on doit faire appel à sa compréhension de l'espace. Que ce soit pour un stationnement en parallèle entre deux voitures ou pour l'assemblage d'un avion modèle réduit, les habiletés à s'organiser dans l'espace sont sollicitées.

Le jeune enfant ne possède pas une compréhension de la notion d'espace aussi complexe que celle de l'adulte. Il explore cependant activement les notions de proximité et de distance, concepts fondamentaux de cette compréhension. Ainsi, il s'amuse à démonter, remonter et réorganiser les objets qui l'entourent. Il apprend également à situer ceux-ci dans l'espace par rapport à la position de son corps.

Tableau 8

Expériences clés favorisant le développement intellectuel sur le plan de la notion d'espace

Favoriser le *développement intellectuel sur le plan de la notion d'espace* en fournissant à l'enfant l'occasion:

14.* de remplir et de vider;
15. d'assembler et de démonter des objets;
16. de réorganiser et de remodeler des objets (plier, déchirer, tourner et étirer);
17. d'observer les objets et les lieux selon différentes positions dans l'espace dans la cour, dans le service de garde et dans le quartier;
18. de décrire et d'expérimenter différentes positions, directions et distances dans la cour, dans le service de garde et dans le quartier;
19. d'interpréter des représentations spatiales dans des dessins ou des photographies.

Voici quelques suggestions pour soutenir ces expériences clés à différents moments de la journée.

Période d'atelier

Soutenir la planification

1. Encourager l'enfant à situer les coins d'activités où se déroulera l'atelier.
2. Donner la parole à tour de rôle en donnant des indices: «L'ami assis *entre* David et Marie».
3. Faire l'activité à différents endroits afin de permettre aux enfants d'observer les coins d'activités selon différentes positions dans l'espace.
4. Fabriquer une carte géographique des coins d'activités; grâce à un pion, demander à chaque enfant de décrire son chemin pour se rendre au coin choisi.

Soutenir le jeu

1. Encourager l'enfant à reconnaître des formes; dans le coin d'expression plastique, découper les feuilles de papier selon différentes formes.
2. Lorsqu'un enfant fait une construction, l'encourager à l'observer selon différentes positions dans l'espace.
3. Dans le coin d'expression plastique, fournir des formes à tracer découpées dans du carton épais.

* La numérotation de ces points emprunte celle du tableau de l'annexe 1.

4. Dans le coin des blocs, fournir suffisamment de matériel démontable et de blocs s'encastrant les uns dans les autres.

5. Amener l'enfant à décrire les transformations faites à un objet. Par exemple, utiliser une grande feuille de papier pour inscrire le mode d'emploi pour fabriquer un avion en papier. Faire le dessin de chaque étape à suivre afin de permettre à l'enfant de bien visualiser ce qu'il a à faire.

6. Tout au long de l'atelier, sensibiliser l'enfant à tous les gestes qu'il exécute avec les différentes parties de son corps.

7. Amener l'enfant à observer les propriétés des objets qu'il manipule selon la forme qui les caractérise; prendre un cube et une balle et les faire glisser sur une surface inclinée. Lui demander ensuite lequel des deux objets roule et quelle est sa forme.

Soutenir le retour en arrière

Faire un retour en arrière nécessitant une réflexion sur la notion d'espace en demandant aux enfants de se placer les uns par rapport aux autres dans la même position relative que durant ces ateliers (exemple: deux enfants en diagonale lors des ateliers se retrouvent dans la même position lors du retour en arrière).

Activité en petit groupe

1. Décrire un objet précis et demander à l'enfant de le reconnaître parmi une série d'images.

2. Prendre des photographies des enfants en action et demander à chacun de se reconnaître.

3. En début d'année, faire une visite de chaque coin d'activités en expliquant l'emplacement du matériel disponible; donner aux plus grands la responsabilité d'être les guides des nouveaux amis.

4. Faire une promenade avec les enfants, en suivant la route jusqu'au parc. Identifier des éléments qui serviront d'indices pour retracer le chemin du retour. Photographier ces indices afin de faire revivre aux enfants le trajet effectué.

5. Prendre des photographies d'un même objet sous différents angles; demander à l'enfant de reconnaître la position du photographe au moment de leur réalisation.

6. Demander à l'enfant de dessiner un objet selon qu'il se trouve devant, derrière, au-dessus et en-dessous de celui-ci.

Activité en grand groupe

1. Modifier le jeu *Simon dit* en allant jouer dans la cour extérieure et en donnant, par exemple, les consignes suivantes: «Se placer derrière un arbre»; «Se coucher sur le dos».

2. Danser en utilisant des objets tels que des cerceaux disposés au sol et en faire le tour.

3. Comme en gymnastique rythmique, bouger avec un ruban; passer le ruban sous la jambe, au-dessus de la tête, etc.

Activités de base

1. En début d'année, fournir des jeux simples avec peu de pièces; complexifier progressivement le matériel en cours d'année.
2. Intervenir rapidement lorsque l'enfant devient agressif et frustré face à une incapacité à réaliser ce qu'il désire faire; l'amener à entrevoir une solution de rechange en discutant avec lui.

Le concept de temps

Vers l'âge de trois ans, l'enfant commence à percevoir le temps comme un continuum: il comprend alors que ce qui l'entoure a un passé et un futur. Il se détache ainsi graduellement de sa pensée centrée sur le moment présent et peut se remémorer les événements passés et faire des projets à plus long terme.

Les minutes, les heures sont des notions abstraites que l'enfant ne comprend pas mais que l'on utilise dans nos conversations de tous les jours: «Attends deux minutes!» «Nous allons ranger dans quinze minutes», «On se couche à une heure». Afin de rendre la compréhension du temps un peu plus facile pour l'enfant, on peut utiliser des objets qui marquent concrètement le passage du temps, tels une horloge à aiguilles, un sablier ou un calendrier.

Tableau 9

Expériences clés favorisant le développement intellectuel sur le plan du concept de temps

Favoriser le *développement intellectuel sur le plan du concept de temps,* en fournissant à l'enfant l'occasion:

20.* de commencer et d'arrêter une action à un signal donné;
21. d'expérimenter et de décrire différentes vitesses de mouvement;
22. d'expérimenter et de comparer des intervalles de temps;
23. d'anticiper, de se rappeler et de décrire des séquences d'événements.

Voici quelques suggestions pour soutenir ces expériences clés à différents moments de la journée.

Période d'atelier

Soutenir la planification

Fabriquer des livres de planification à partir de dessins faits lors des séquences de planification antérieures; chaque dessin peut être identifié par le nom du jour, permettant à l'enfant de se remémorer les activités de la semaine. Utiliser une couleur différente pour illustrer chaque jour de la semaine.

* La numérotation de ces points emprunte celle du tableau de l'annexe 1.

Soutenir le jeu

1. Dans le coin d'imitation, offrir des vêtements selon la saison en cours: mitaines en hiver ou chapeau de paille en été.
2. Dans le coin des sciences, offrir des objets saisonniers: feuilles rougies à l'automne ou neige en hiver.
3. Utiliser les notions de temps dans les jeux quotidiens.
4. Dans le coin des sciences, faire pousser de la luzerne; noter le temps de croissance sur un calendrier sous forme de tableau.
5. Introduire des sabliers fabriqués à partir de deux bouteilles en plastique; les enfants peuvent ainsi visualiser le temps qui reste pour terminer une activité.
6. Fabriquer un calendrier sous forme de tableau afin de répartir les responsabilités tout au long de la semaine.

Figure 3

Exemple de calendrier sous forme de tableau répartissant les responsabilités pour les repas et collations

	Assiettes	Ustensiles	Collations
Lundi	♦*	●	■
Mardi	●	♥	▲
Mercredi	■	■	
Jeudi	♥	♦	
Vendredi	▲		

* Identification de chaque enfant par un symbole

7. Fournir des livres d'images ou de photographies réunissant des personnes d'âge différent.
8. Fabriquer un calendrier sous forme de tableau avec des images représentant la nuit, les journées au service de garde ou à la maison. On conseille d'écrire le nom des jours de la semaine selon un assortiment de couleurs; ainsi, l'enfant associera chaque jour à une couleur différente et pourra ainsi les reconnaître.

Figure 4

Exemple de calendrier sous forme de tableau pour deux jours de la semaine

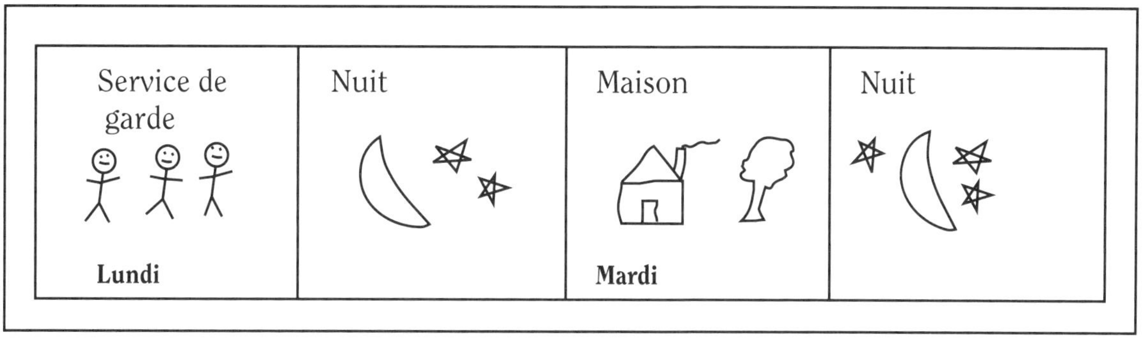

9. Tout au long de la journée, sensibiliser l'enfant à des phénomènes naturels permettant de prendre conscience de vitesses différentes : le mouvement des nuages, le vent, le tremblement des feuilles et le déplacement des voitures dans la rue.
10. Sensibiliser l'enfant à une durée de temps précise (20 minutes) en la comparant à une activité concrète : le temps de faire une peinture ou d'écouter une histoire, par exemple.
11. Décorer le local avec des images ou des affiches représentant les différentes saisons. Modifier la décoration au fil des mois et des saisons.

Soutenir le retour en arrière

Faire un retour en arrière sur l'atelier constitue en soi une bonne façon de permettre à l'enfant de se remémorer des événements passés.

Activité en petit groupe

1. Rassembler du matériel de bricolage approprié à la saison en cours ; afficher les réalisations à hauteur des yeux de l'enfant.
2. Jardiner à l'intérieur comme à l'extérieur est une excellente façon d'observer les changements au fil des jours et des mois.
3. Faire dessiner l'enfant sur de grandes feuilles de papier au son de musiques de tempos différents (lent et rapide).
4. Lorsqu'il y a acquisition d'une nouvelle plante, sensibiliser l'enfant à ce qui sera nécessaire pour favoriser sa croissance.

Activité en grand groupe

1. Jouer à *feu rouge–feu vert*; un meneur de jeu dicte des mouvements et les enfants doivent s'arrêter ou continuer selon qu'on leur montre un carton rouge ou vert.
2. Jouer à la chaise musicale; faire varier le rythme de la musique afin que les enfants modifient la vitesse de leur déplacement.

Activités de base

1. Lorsque survient un changement à l'horaire, rassembler les enfants en cercle dès le début de la journée et leur annoncer les modifications afin de les aider à anticiper les événements futurs.
2. Établir un horaire quotidien constant tout au long de l'année.
3. Sensibiliser l'enfant aux changements de période en utilisant les stratégies suivantes:
   - marquer le début et la fin d'une période d'activité par un signal visuel ou sonore: éteindre la lumière une ou deux fois ou frapper un tambour;
   - quelques minutes avant la fin de la période, prévenir l'enfant qu'il faudra bientôt ranger;
   - questionner l'enfant sur l'activité qui suivra et ce qu'il a à faire pour être prêt.
4. Tout au long de l'année, prendre des photographies d'un site extérieur; mettre ensuite ces photographies en ordre, sous forme de calendrier. En visualisant les changements survenus au fil des saisons, l'enfant prend conscience du passage du temps.
5. Afin de rendre la période du rangement un peu plus agréable, demander aux enfants d'exécuter, au premier signal, un rangement lent; faire suivre d'un second signal en demandant alors d'aller plus rapidement.
6. Lors de l'accueil, toujours mentionner le nom de la journée.

Développement de la motricité

Le jeune bébé communique très tôt avec son environnement grâce aux sons qu'il émet et aux mouvements qu'il exécute avec différentes parties de son corps. Comme le mouvement constitue l'un des premiers modes de communication de l'enfant, il est important de soutenir ce type d'expression au fil des ans.

Les expériences clés vécues sur les plans du mouvement et de la musique contribuent à développer chez l'enfant une série d'habiletés motrices.

Tableau 10

Expériences clés favorisant le développement de la motricité

Favoriser le *développement de la motricité par le mouvement et la musique* en fournissant à l'enfant l'occasion:

1. de bouger sans se déplacer (se pencher, se bercer, balancer les bras, etc.);
2. de bouger en se déplaçant (marcher, sauter, trottiner et courir);
3. de bouger avec des objets;
4. d'exprimer de la créativité dans ses mouvements;
5. de décrire les mouvements du corps;
6. d'exécuter des mouvements dans différentes directions;
7. de reconnaître et de suivre un rythme donné;
8. de bouger avec d'autres selon un rythme commun;
9. de bouger au son de la musique;
10. d'explorer et de reconnaître des sons;
11. d'explorer sa voix;
12. d'explorer la mélodie en la chantant et en la fredonnant;
13. de chanter;
14. de jouer de divers instruments de musique.

Voici quelques suggestions pour soutenir ces expériences clés à différents moments de la journée.

Période d'atelier

Soutenir la planification

1. Encourager l'enfant à décrire différents modes de locomotion pour se rendre aux coins d'activités en rampant, en sautillant, ou en faisant des pas de géant. Demander à l'enfant d'en choisir un et de l'exécuter pour se rendre au coin choisi pour l'atelier.
2. Demander à un enfant d'aller chercher le matériel choisi pour son atelier et de faire la démonstration de son utilisation au reste du groupe.
3. Afin de donner la parole à chaque enfant, chanter une rime incluant le prénom de chacun: «Ra, Ra, Ra, c'est ton tour si tu t'appelles Sara».
4. Après avoir terminé la planification, aligner les enfants pour former un «train» et faire le tour de tous les coins d'activités: chacun débarque dans le coin choisi pour l'atelier.

Soutenir le jeu

1. Lors de l'aménagement d'un coin d'activités, prévoir suffisamment d'espace pour permettre une activité motrice intéressante.
2. Encourager les enfants à bouger : même l'enfant déguisé peut être invité à danser au son d'une musique.
3. Cette même musique peut également inspirer l'enfant se retrouvant au chevalet de peintre ; l'encourager à suivre la musique en exécutant différents coups de pinceau.
4. Modifier les mots d'une chanson connue et questionner l'enfant sur son atelier ;

   Exemple :

   sur l'air de *Frère Jacques* :
   « Gabriel, Gabriel, que fais-tu, que fais-tu ?
   Avec tous ces blocs, avec tous ces blocs,
   c'est si haut, c'est si haut ! »
5. Dans le coin musique, présenter diverses cassettes afin de faire découvrir aux enfants différents styles de musique : jazz, marche militaire, musique de cirque, classique, folklorique.
6. Encourager les enfants à créer leurs propres mouvements au son de la musique.
7. Dans le coin musique, présenter des instruments fabriqués à partir de matériaux simples tels que des maracas contenant du riz, des nouilles, etc.
8. Être attentif aux sons produits par l'enfant lorsqu'il joue, afin de poursuivre l'exploration lors du retour en arrière.
9. Dans les différents coins d'activités, introduire des jeux et des objets sonores.

Soutenir le retour en arrière

1. Donner la parole à l'enfant désigné en roulant une balle vers lui et en chantant le prénom de l'enfant sur un air connu.
2. Amener le groupe à imiter la description faite par un enfant : peinture au chevalet, lavage des poupées et danse. Introduire une musique rythmée sur laquelle on peut décrire les mouvements exécutés.

Activité en petit groupe

1. Organiser une course à obstacles à partir de différents objets. Avant de débuter le parcours, demander à chacun comment les obstacles peuvent être contournés, traversés, etc. Insister pour que les enfants exécutent la course selon différents modes locomoteurs (en sautillant, en rampant ou en marchant).
2. Faire des jeux d'écoute afin de reconnaître les sons et les bruits environnants. Demander aux enfants de fermer les yeux et de reconnaître les sons entendus.
3. Fabriquer des instruments de musique avec des matériaux variés ; amener les enfants à les explorer et les manipuler.

4. Enregistrer différents sons à l'intérieur et à l'extérieur du service de garde ; demander aux enfants de les identifier.

5. Demander aux enfants de reconnaître des mélodies populaires en fredonnant les premières notes.

Activité en grand groupe

1. Initier les enfants à la danse folklorique en introduisant des musiques de différents pays. Leur montrer quelques pas de danse pour accompagner la musique.

2. Présenter des activités de rythme en fournissant à chacun des bâtons en bois ; amener l'enfant à reproduire un rythme ou à chanter tout en frappant les bâtons.

3. Varier la narration d'histoires en chantant les phrases ; demander aux enfants de reproduire les mouvements des personnages.

4. Animer la narration d'histoires en demandant aux enfants de reproduire les sons des objets présentés.

5. Créer avec les enfants des mouvements afin d'accompagner leurs chansons favorites.

6. Présenter aux enfants de nouvelles chansons ; sortir des sentiers battus et varier son répertoire. Inventer des chansons avec les enfants.

7. Organiser une parade où tous les enfants marchent à un rythme donné et jouent un instrument de musique.

Activités de base

1. Introduire une chanson pour indiquer le début et la fin d'une activité et la transition d'une activité à une autre : la collation, le repas, la détente, le rangement, l'atelier, etc.

   Une chanson peut également aider à agrémenter des moments plus « critiques » comme l'habillage au vestiaire, l'attente à table ou à la salle de toilette.

2. Le jeu extérieur étant non seulement une période de jeu libre, mais aussi une période privilégiée permettant à l'enfant de bouger, en profiter pour y offrir des expériences motrices intéressantes.

3. Profiter de tous les moments de la journée pour chanter.

4. Utiliser les instruments de musique pour signaler le début ou la fin d'une activité ainsi que les transitions.

Expériences clés proposées par le *High/Scope* pour favoriser le développement global de l'enfant

Favoriser le *développement socio-affectif et moral* en fournissant à l'enfant l'occasion :

1. d'exprimer et de réaliser des choix, de planifier et de décider;
2. de reconnaître un problème et de le résoudre;
3. d'exprimer et de comprendre les sentiments: joie, colère, tristesse;
4. de répondre à ses propres besoins: assurer son autonomie de base sur le plan de l'alimentation, de la propreté, de l'habillage et de l'accomplissement de tâches quotidiennes;
5. de comprendre le déroulement de l'horaire quotidien par rapport à ses attentes;
6. d'être sensible aux sentiments, intérêts et besoins des autres;
7. de créer des liens avec les adultes et les enfants;
8. d'initier et d'expérimenter le jeu coopératif;
9. de développer des stratégies pour mieux négocier les conflits sociaux.

Favoriser le *développement du langage, de l'écriture et de la lecture* en fournissant à l'enfant l'occasion:

1. d'échanger avec les autres sur des expériences personnelles: conserver, exprimer sa pensée et ses sentiments;
2. de décrire les objets, les événements et les liens entre eux;
3. de jouer avec les mots: chanter, réciter des comptines, écouter et inventer des histoires;
4. d'écrire de diverses façons: dessiner, tracer des formes, inventer des lettres;
5. de lire (des symboles, des lettres, des mots);
6. de faire écrire par l'adulte les mots dits afin qu'ils puissent être relus: noter les paroles, permettant ainsi à l'enfant de comprendre que tout ce qu'il dit peut être écrit et qu'il s'agit d'une autre façon d'exprimer sa pensée et ses émotions.

Favoriser le *développement de la représentation créative* en fournissant à l'enfant l'occasion :

1. de reconnaître les objets avec les différents sens (la vue, l'ouïe, le toucher, l'odorat et le goûter) ;
2. d'imiter des actions et des sons ;
3. d'associer des images et des photographies à des objets et lieux réels : reconnaître un objet sur une image, se reconnaître sur une photographie ;
4. de faire des jeux de rôles, d'imiter ;
5. de faire des modèles avec de l'argile, des blocs, etc. : manipuler du matériel afin de faire des représentations en trois dimensions ;
6. de dessiner et de peindre : manipuler du matériel afin de créer des représentations à deux dimensions.

Favoriser le *développement intellectuel sur le plan de la classification* en fournissant à l'enfant l'occasion :

1. de reconnaître et de décrire les similitudes, les différences et les attributs des objets ;
2. de reconnaître et de décrire les formes ;
3. de trier et d'apparier ;
4. d'utiliser un objet de différentes façons et de le décrire selon différents attributs ;
5. d'identifier plus d'un attribut à la fois ;
6. de différencier les concepts *aucun, quelques* et *tous* ;
7. d'identifier un objet selon des attributs qu'il ne possède pas ou selon une classe à laquelle il n'appartient pas.

Favoriser le *développement intellectuel sur le plan de la sériation* en fournissant à l'enfant l'occasion :

8. de comparer (selon une dimension) : plus long/plus court, plus petit/plus gros ;
9. d'ordonner des objets et de faire des séries en décrivant les relations existant entre les éléments : du plus long au plus court, bleu–rouge–bleu–rouge ;
10. d'associer un ensemble d'objets à un autre (par essai et erreur) : petite soucoupe–petite tasse, grande soucoupe–grande tasse.

Favoriser le *développement intellectuel sur le plan du concept des nombres* en fournissant à l'enfant l'occasion :

11. de comparer des quantités de deux ensembles d'objets : plus, moins, équivalent ;
12. d'associer deux ensembles d'objets selon une correspondance un à un ;
13. de compter des objets.

Favoriser le *développement intellectuel sur le plan de la notion d'espace* en fournissant à l'enfant l'occasion :

14. de remplir et de vider ;
15. d'assembler et de démonter des objets ;
16. de réorganiser et de remodeler des objets (plier, déchirer, tourner et étirer) ;
17. d'observer les objets et les lieux selon différentes positions dans l'espace dans la cour, dans le service de garde et dans le quartier ;
18. de décrire et d'expérimenter différentes positions, directions et distances dans la cour, dans le service de garde et dans le quartier ;
19. d'interpréter des représentations spatiales dans des dessins ou des photographies.

Favoriser le *développement intellectuel sur le plan du concept de temps* en fournissant à l'enfant l'occasion :

20. de commencer et d'arrêter une action à un signal donné ;
21. d'expérimenter et de décrire différentes vitesses de mouvement ;
22. d'expérimenter et de comparer des intervalles de temps ;
23. d'anticiper, de se rappeler et de décrire des séquences d'événements.

Favoriser le *développement de la motricité par le mouvement et la musique* en fournissant à l'enfant l'occasion:

1. de bouger sans se déplacer (se pencher, se bercer, balancer les bras, etc.);
2. de bouger en se déplaçant (marcher, sauter, trottiner et courir);
3. de bouger avec des objets;
4. d'exprimer de la créativité dans ses mouvements;
5. de décrire les mouvements du corps;
6. d'exécuter des mouvements dans différentes directions;
7. de reconnaître et de suivre un rythme donné;
8. de bouger avec d'autres selon un rythme commun;
9. de bouger au son de la musique;
10. d'explorer et de reconnaître des sons;
11. d'explorer sa voix;
12. d'explorer la mélodie en la chantant et en la fredonnant;
13. de chanter;
14. de jouer de différents instruments de musique.

Suggestions de livres d'activités

Voici une liste de documents écrits et audiovisuels présentant des activités de toutes sortes à expérimenter avec les enfants. Chaque document est classé en fonction du type d'activité présenté.

Activités scientifiques

BRILLON, G. *J'observe le ciel, activités d'astronomie,* Montréal, Éditions Michel Quintin.

Cent expériences faciles à réaliser, Paris, Nathan.

CRAHAY, M. et A. DELHAXHE. *Agir avec les aimants, agir avec les ressorts,* Laval, Éditions Mondia, 1990.

CRAHAY, M. et A. DELHAXHE. *Agir avec les rouleaux, agir avec l'eau,* Laval, Éditions Mondia, 1990.

Encore des expériences, Québec, Québec Science Éditeur, 1985.

Expériences scientifiques du Centre des Sciences de l'Ontario, Montréal, Éditions Héritage, 1987.

Initiation aux sciences, Montréal, Regroupement des garderies du Montréal Métropolitain.

Les petits débrouillards, périodique, Québec, Québec Science Éditeur, 1987.

66 nouvelles expériences, Québec, Québec Science Éditeur, 1988.

Mon grand livre d'expériences : 150 expériences intéressantes, Belgique, Éditions Chanteclerc.

SAMSON, P. *Éveil à l'esprit scientifique chez les petits,* Montréal, Guérin, 1991.

SAMSON, P. *Éveil à l'esprit scientifique chez les petits,* 46 nouvelles expériences, Montréal, Guérin, 1991.

YOUNG, D. *Explorations et découvertes,* Éditions Les Scientifiques nomades, 1989.

Jardinage

Jardinez avec le professeur Scientifix, Québec, Québec Science Éditeur, 1987.

Activités culinaires

BADETT, M. et E. NEMOUR-PITERS. *Les enfants font la cuisine,* Belgique, Chanteclerc.

THE CENTENNIAL CENTER OF SCIENCE AND TECHNOLOGY. *Expériences alimentaires du centre des sciences de l'Ontario,* Montréal, Héritage, 1987.

Ce que nous mangeons, Paris, Nathan, 1987.

GREEN, C. « 1, 2, 3... je crée mes petits plats », *Sélection du Reader's Digest,* Montréal, 1992.

MOLLÉ, P. *La cuisine des petits chefs,* Montréal, Éditions Héritage, 1988.

Les petits marmitons, Québec, Québec Science Éditeur, 1987.

ROCARD, A. et C. NADAUD. *La cuisine des petits,* Paris, Hachette, 1986.

UNICEF. *Les petits cuisiniers,* Fonds des Nations Unies pour l'enfance.

Vingt et une recettes de Pomme D'Api, Éditions du Centurion.

WILKES, A. *La cuisine des petits gourmands,* Paris, Larousse, 1989.

Activités de manipulation

BARATTA-LORTON, M. *Faites vos jeux, 101 activités de manipulation pour les tout-petits,* Montréal, Éditions du renouveau pédagogique, 1980.

BÉGIN, M.J., D. FRÉCHETTE et D. GOUDREAULT. *Banque de jeux sur le sable et l'eau,* Montréal, Université de Montréal, 1986.

LENOIR, D. *La magie des jeux de blocs,* Saint-Lambert, Ludothèque de Saint-Lambert, 1983.

PARREN, D. « 1, 2, 3... je crée mes tours de magie », *Sélection du Reader's Digest,* Montréal, 1993.

THÉRIAULT, J. *L'exploitation du matériel dans l'aire des jeux d'eau et de sable,* Chicoutimi, Département des sciences de l'éducation de l'Université du Québec à Chicoutimi, 1987.

Activités motrices

ASROTI, D. et C. BERNADAC. *Activités motrices et sensorielles,* Paris, Armand Collin, 1985.

BESCHE, G. *Avec mes oreilles et ma bouche, avec mes yeux, avec mes doigts,* Paris, De l'école.

BLAIS, R. et P. CHARTIER. *Jouer pour rire,* Montréal, Éditions Louise Courteau, 1989.

CREVIER, R. et D. BÉRUBÉ. *Le plaisir de jouer : jeux coopératifs de groupe,* Québec, Institut de Plein Air Québécois, 1987.

DROUIN-COUTURE, G. et L. GAUTHIER-BASTIEN. *La psychomotricité à l'école dès 4 à 8 ans,* Montréal, Guérin, 1992.

EISENBEIS, M., N. LAMOUREUX et S. PESQUIÉ. *Jouons avec les petits à l'école maternelle, 48 fiches jeux,* Paris, Éditions EPS.

EPSTEIN, J. et C. RADIGUET. *L'explorateur nu,* Montréal, Éditions HMH, 1982.

EPSTEIN, J. *Le jeu enjeu,* Paris, Éditions Armand Colin, 1985.

INSTITUT CANADIEN DE LA SANTÉ INFANTILE. *Mouvement et Croissance,* Canada.

POLIQUIN, L. et C. BOURBONNAIS. *Moi et Fafoin avec Claire Pimparé,* Montréal, Éditions de l'homme, 1980.

ROY, M. et L. GARIÉPY. *Je danse mon enfance. Guide d'activités d'expression corporelle et de jeux en mouvement.* Montréal, Les Éditions de la Chenelière, 1998.

VAQUETTE, P. *Le guide de l'Éducateur nature: 43 jeux d'éveil sensoriel,* Éditions Le Souffle d'Or, 1987.

VILLENEUVE, M. *Viens Jouer,* Montréal, Éditions de l'homme, 1985.

Activités à l'extérieur

DESROSIERS, P. et M. TOUSIGNANT. *Allons jouer dehors,* Éditions du Pélican, 1978.

TARDIF, H. *Petits prétextes pour sortir le nez dehors,* Montréal, Éditions Hurtubise HMH, 1986.

Activités d'expression plastique

BARFF, U. *Le grand livre des maternelles, 3-7 ans,* Belgique, Casterman, 1993.

BARFF, U. et J. MAIER. *Le grand livre du bricolage, tome 1,* Paris, Casterman, 1989.

BARFF, U. *Le grand livre du bricolage, tome 2,* Paris, Casterman, 1989.

BEAUPRÉ, P. *Les arts plastiques préscolaires,* Joliette, Éditions Pleins Bords, 1981.

BLANCHETTE, L., R. MONETTE et D. TRUSSART. *101 comptines et bricolages,* Montréal, Éditions du Tré Carré, 1987.

GIESECKE, H. *Le grand livre du bricolage, tome 3,* Paris, Casterman, 1989.

MICHALSKI, T. et U. MICHALSKI. *Bricolage de Plein Air,* Paris, Casterman.

Mon grand livre de travaux manuels, Belgique, Chanteclerc, 1988.

MURRAY, A. et L. WATTS. « 1, 2, 3, je crée... tout pour Noël », *Sélection du Reader's Digest,* Montréal, 1992.

OWEN, C. « 1, 2, 3, je crée... avec la nature », *Sélection du Reader's Digest,* Montréal, 1993.

OWEN, C. et A. MURRAY. « 1, 2, 3, je crée... mes cadeaux », *Sélection du Reader's Digest,* Montréal, 1992.

PERRON, D. *Brico Rouleaux,* Éditions du Tré Carré, 1991.

SAMSON, P. *Éveil aux arts plastiques chez les petits,* Montréal, Éditions Guérin, 1992.

Jeu dramatique

CHAINE, F. *Ateliers de jeu dramatique au préscolaire,* Montréal, Éditions Ville-Marie, 1982.

CHAUVEL, D. *Pièces et saynètes pour enfants.* Paris, Éditions Retz, 1988.

CURRELL, D. *Le grand livre des marionnettes,* Belgique, Casterman, 1994

ELLIOTT, M. et B. HODSON. «1, 2, 3, je crée... de drôles de têtes», *Sélection du Reader's Digest,* Montréal, 1994.

GAUTHIER, H. *Faire du théâtre dès 5 ans.* Montréal, Éditions Logiques, 1995.

ORTON, L. «1, 2, 3, je crée... mes marionnettes», *Sélection du Reader's Digest,* Montréal, 1993.

OWEN, C. «1, 2, 3, je crée... mes déguisements», *Sélection du Reader's Digest,* Montréal, 1993.

RIOUX, M., D. BILZ et J.J.M. BOISVERT. *L'enfant et l'expression dramatique,* Montréal, Brault & Bouthillier, 1979.

ROY, L. *La marionnette, c'est pas bébélala,* Théâtre Action, 1989.

THÉRIAULT, J. *Suggestions de rôles, de thèmes et d'aménagements pour l'aire des jeux symboliques,* Chicoutimi, Département des sciences de l'éducation de l'Université du Québec à Chicoutimi, 1987.

Trousse d'expression dramatique: répertoire d'exercices d'expression dramatique, Théâtre Action, 1981.

Activités rythmiques

BILODEAU, F. et M. DAMIENS. *Les ateliers créatifs, guide pratique au préscolaire,* Montréal, Éditions Études vivantes, 1987.

COMEAU, G. *À la découverte de la musique; expériences musicales pour enfants. Trousse 1, 2, 3,* Ottawa, Centre franco-ontarien de ressources pédagogiques, 1988. Ces trousses sont accompagnées de cassettes audio.

COUTIN, C. *Faites danser les enfants,* Paris, Éditions Retz.

DREW, H. *L'orchestre des petits musiciens,* Paris, Larousse, 1993.

EVANS, D. et C. WILLIAMS. «Découvrons en jouant, les sons et la musique», *Sélection du Reader's Digest,* Montréal, 1993.

KREUSCH-JACOB, D. *La musique et les petits, jeux, activités, chansons,* Paris, Éditions Fleurus, 1992.

MALENFANT, N. *L'éveil sonore et musical de l'enfant de 0 à 3 ans,* Belœil, Les ateliers du petit matin, 1996. Ce livre est accompagné d'une cassette audio.

MALENFANT, N. *Jeux sonores et jeux musicaux pour les enfants de 2 à 7 ans,* Belœil, Les ateliers du petit matin, 1995. Ce livre est accompagné d'une cassette audio.

USMER, B. et M. ROLLET. *Jeux d'expression corporelle à l'école.* Paris, Éditions EPS, 1991.

VENNER, A.M. *40 jeux pour l'expression corporelle à l'école,* Paris, Éditions Retz, 1991.

Cassettes accompagnées d'un livret

Chansons Enfantines, Éditions Hemma, 1988.

Chantons sous les bulles, Éditions Hurtubise.

Cléobulle raconte, vol. 1.

REGROUPEMENT DES GARDERIES DU MONTRÉAL-MÉTROPOLITAIN. *Train-train de chansons,* Montréal, Regroupement des garderies du Montréal-Métropolitain.

Série *Passe-Partout. Chansons et comptines,* Montréal, Radio-Québec.

Série *Petit livre musical,* Éditions Hemma.

Cassettes et disques compacts

Chansons et comptines d'Allemagne, Unidisc, 1991.

Chansons et comptines d'Amérique du Sud, Unidisc, 1991.

DÈS, H. *Série Cache-cache, volumes 1, 2, 3, 4, 5, 6, 7, 8,* Disques Marie-Josée.

DÈS, H. *Les grands classiques au son enchanteur des jouets,* Disques Atma.

Activités autour des livres

GAMACHE, S. *Un, deux, trois, quatre, les tout-petits découvrent le livre,* Montréal, Communication Jeunesse, 1982.

Activités d'observation

LIMBOS, E. *30 Jeux visuels (série 100),* Paris, Fleurus, 1976.

ST-PIERRE, M. et F. RANCOURT. *Les activités d'auto-apprentissage, un jeu d'enfant,* Outremont, Éditions Lidec, 1982.

Activités de relaxation

BENET, F. *Relaxations guidées pour les enfants,* Romont, Éditions Recto-Verseau.

BOIVIN, R. et J.Y. GUAY. *Pour les enfants du stress.* Livre et cassette audio.

CABROL, C. et P. RAYMOND. *La douce,* Éditions Graficor, 1987.

CALECKI, M. et M. THÉVENET. *Techniques de bien-être pour les enfants,* Paris, Armand Colin, 1987.

La détente subliminale pour les jeunes. Cassette audio.

CHOQUE, J. *Concentration et relaxation pour les enfants.* Paris, Albin Michel, 1994.

LAVOIE, C. *Le massage des enfants,* Montréal, Louise Courteau, 1989.

La méditation fantastique pour les enfants de 5-8 ans. Cassette audio.

Activités logico-mathématiques

GAUTHIER, J.M. *Si les chiffres m'étaient comptés,* Montréal, Grasset.

GRAND, G. et J. GRAND. *Des activités pour les débuts de la logique,* Montréal, Regroupement des garderies du Montréal-Métropolitain, 1981.

KIGHTLEY, R. *Les Nombres,* Paris, Éditions Grund, 1987.

KNOX, C. *Les Énigmes,* Paris, Éditions Grund, 1987.

KAPPER, L. et K. PETTY. *C'est quoi les formes?,* Montréal, Éditions Héritage, 1986.

KOPPER, L. et K. PETTY. *C'est quoi les grandeurs?,* Montréal, Éditions Héritage, 1986.

KOPPER, L. et K. PETTY. *C'est quoi les nombres?,* Montréal, Éditions Héritage, 1986.

QUINTIN-PALACIO, E. *Apprendre les mathématiques : un jeu d'enfant,* Trois-Rivières, Presses de l'Université du Québec à Trois-Rivières, 1987.

Activités de langage

DELAGE, J. et J.G. DUDLEY. *Le langage apprivoisé,* Montréal, Éditions Héritage, 1994. Ce livre est accompagné d'une cassette sonore.

Dicto, lecture et jeux, Paris, Éditions Fleurus, 1992.

Dicto, mots et jeux, Paris, Éditions Fleurus, 1992.

WEITZMAN, E. *Apprendre à parler avec plaisir,* Toronto, Centre Hanen, 1992.

Activités en lien avec les saisons

MISCHLICH-JOLY, E. *L'automne,* Ottawa, CFORD, 1989.

MISCHLICH-JOLY, E. *L'été,* Ottawa, CFORD, 1989.

MISCHLICH-JOLY, E. *L'hiver,* Ottawa, CFORD, 1988.

MISCHLICH-JOLY, E. *Le printemps,* Ottawa, CFORD, 1988.

Préparation et animation de fêtes

DUBUC, S. et H. MAJOR. *De fête en fête,* Saint-Lambert, Éditions Héritage, Éditions Retz, 1993.

Vive la fête, des idées amusantes et originales, Aartselaar, Éditions Chanteclerc, 1993.

Divers

Activités pour les enfants de 2 à 5 ans, Agence de garde en milieu familial La Passerelle des mousses, 1989.

ASSOCIATION DE SERVICES DE GARDE EN MILIEU SCOLAIRE DU QUÉBEC. *M'apprivoiser, recueil d'activités à l'intention des enfants de 5 à 12 ans pour les aider à mieux connaître un enfant ayant une déficience et l'accueillir au service de garde,* Longueuil, Association des services de garde en milieu scolaire du Québec, 1995.

BETSALEL-PRESSER, R. et D. GARON. *La garderie, une expérience de vie pour l'enfant,* volets 1, 2 et 3, Montréal, OSGE, 1984.

CARREAU, D. et C. L'ÉCUYER-SURPRENANT. *Des menés à la baleine,* Montréal, Éditions L'image de l'art, 1992.

CHARETTE-POIRIER, F. et M. LEPAILLEUR-GERMAIN. *Je joue et j'apprends, trousse d'activités sur fiches cartonnées,* Vanier, Centre franco-ontarien de ressources pédagogiques, 1996.

CHARETTE-POIRIER, F. et M. LEPAILLEUR-GERMAIN. *Je m'organise, trousse de divers tableaux et pictogrammes servant à la planification des activités quotidiennes,* Vanier, Centre franco-ontarien de ressources pédagogiques, 1996.

DOYON, L. *Préparez votre enfant à l'école,* Montréal, Éditions de l'homme, 1992.

HENDRICK, J. *L'enfant – une approche globale pour son développement* (traduction et adaptation). Québec, Presses de l'Université du Québec, 1993.

HORAK, S. *1000 jeux d'éveil pour les tout-petits, 0-3 ans,* Belgique, Casterman, 1994.

LAMARRE, J. *Comment occuper et amuser vos enfants,* Montréal, Stanké, 1988.

LAREAU, J. et L. LÉVESQUE. *La magie des lutins chez les 5 ans,* Sherbrooke, Éditions ArtÉmis, 1987.

LEGAULT, M., H. LANGLOIS et C. MICHAUD. *Faites vos jeux à la garderie,* Sherbrooke, Regroupement des garderies des Cantons de l'est, 1985.

LOISELLE M. et P. PILON. *J'habite une planète.* Cassette audio, recueil de textes et répertoire d'activités, Montréal, Regroupement des garderies du Montréal-Métropolitain, 1986.

LYNN, S et D. JAMES. *Mes premières activités,* Éditions Mango, 1993.

MARTIN, J. C. POULIN et I. FALARDEAU. *Le bébé en garderie.* Québec, Presses de l'Université du Québec, 1992.

VIALLES, C. *150 activités pour votre enfant de 2 ans,* Paris, Éditions Retz, 1991.

VIALLES, C. *150 activités pour votre enfant de 3 ans,* Paris, Éditions Retz, 1991.

Section

3

Jouer, c'est magique

Environnements physique et humain

1

Environnement physique

Aménagement des aires de jeu

Aménagement spatial

L'aménagement des aires est un élément central du programme, car il favorise l'ensemble des apprentissages faits par l'enfant. Cet aménagement doit être fonctionnel et permettre d'atteindre les buts visés par le programme *Le kaléidoscope de la qualité*[1*]. Le programme du *High/Scope* préconise un aménagement spatial divisé en secteurs ou coins d'activités[2].

Le guide *Aménager une garderie*[3] présente l'ensemble des éléments à considérer lors de l'aménagement intérieur et extérieur d'un service de garde en milieu collectif. La présente section apporte des éléments tirés du programme du *High/Scope* permettant d'enrichir les notions véhiculées dans ce guide.

Par ailleurs, les services de garde en milieu familial possèdent des espaces physiques différents. La fin du présent chapitre sur les services de garde en milieu familial aborde plus spécifiquement l'aménagement dans une résidence privée. Les principes de base demeurent cependant les mêmes, car on y trouve également la notion de coins d'activités.

Chaque service de garde, qu'il soit en milieu collectif ou en milieu familial, possède un espace physique particulier et doit opter pour des aires de jeu ouvertes ou fermées. Les contraintes sont présentes, mais il faut voir dans quelle mesure il est possible d'adapter le tout. L'important, c'est d'offrir à l'enfant une variété de coins d'activités lui permettant de vivre l'ensemble des expériences clés.

Le choix des coins se fait selon l'âge et les besoins des enfants. Ainsi, certains coins comme celui des sciences, qui répondent aux besoins des enfants plus âgés, ne sont pas aménagés chez les groupes d'enfants de deux ans. Les coins de blocs et de jeux symboliques présentent un intérêt tant pour le jeune enfant que pour l'enfant plus âgé. C'est le type de blocs qui va varier selon l'âge de l'enfant, lui permettant de vivre des expériences stimulantes à la hauteur de ses capacités grandissantes.

L'aménagement des coins chez les poupons respecte également cette notion de respect des besoins et des intérêts. Les coins s'organisent autour du développement sensorimoteur en proposant au bébé différents jeux et matériaux stimulants: tapis pour ramper, barre fixe pour s'agripper et se lever, miroir, coin cachette, etc. Une bonne connaissance des besoins et intérêts des enfants permet de faire un choix judicieux des coins à offrir.

Voici une liste des coins qui donnent à l'enfant d'âge préscolaire l'occasion de vivre des expériences de jeu riches et stimulantes.

* La numérotation correspond à celle des références présentées à la fin de l'ouvrage.

Coin des blocs

Ce coin a pour objectif premier d'amener l'enfant à construire des structures où il découvrira et approfondira les différentes relations spatiales. Exempt de tout mobilier, ce coin doit fournir un maximum d'espace aux architectes en herbe ! Il est intéressant de l'aménager à côté du coin d'imitation afin de permettre à l'enfant de construire des éléments de jeu qui inspireront les jeux de rôles (une voiture, un bateau, etc.).

Coin de jeux symboliques

C'est ici que s'initient les jeux de rôles. Le coin de jeux symboliques est l'endroit par excellence où l'enfant peut vérifier ses connaissances sur le monde qui l'entoure en imitant papa, maman, le médecin, etc. Un tel coin offre également à l'enfant la chance d'exprimer ses émotions et de communiquer avec les autres. Ce coin comprend un mobilier représentant une cuisine, une chambre à coucher; il peut être intéressant d'y exploiter d'autres lieux tels que le salon de coiffure, la gare ferroviaire ou le supermarché.

Les coins des blocs et de jeux symboliques sont relativement bruyants, car les enfants y sont très actifs. Lors de l'aménagement des aires de jeu, il est important de disposer ces deux coins côte à côte et éloignés des coins plus calmes comme le coin lecture, par exemple. Les blocs et les jeux symboliques occupent une place importante dans le quotidien du jeune enfant. Ils ont donc avantage à être installés en permanence afin d'éviter que l'éducatrice ait à déplacer le matériel chaque fois que les enfants désirent y jouer.

Coin d'expression plastique

Coin de l'expression artistique et de la représentation visuelle, ce lieu permet à l'enfant de transformer les objets afin de leur donner un sens. Mélanger les couleurs, plier le papier, dessiner des formes constituent des manipulations par lesquelles l'enfant représente tout ce qu'il fait, ce qu'il voit et ce qu'il imagine. Ce coin comporte différentes surfaces de travail : plancher, table, comptoirs, chevalets et tableaux au mur. Il est avantageux de placer ce coin près d'un évier afin d'éviter les déplacements à travers le local.

Coin de manipulation

Ce coin permet des activités moins bruyantes que dans les coins des blocs et de jeux symboliques. L'enfant a accès à des casse-tête, des jeux d'encastrement et de manipulation. Il peut s'isoler du bruit dans un type d'activité plus individuel. Table et chaises constituent le mobilier principal.

Coin lecture

Ce coin permet à l'enfant de découvrir les livres à l'intérieur d'un espace retiré, calme, meublé confortablement avec chaise berçante, coussins, etc. Il permet également à l'enfant d'y écrire ses premiers messages secrets !

Les coins de manipulation et de lecture offrent des activités de jeu qui nécessitent concentration et attention de la part de l'enfant. Il est donc avantageux de les aménager en retrait des coins plus bruyants.

Coin de musique et de mouvement

L'enfant peut y expérimenter la rythmique et l'expression par le mouvement. On y trouve suffisamment d'espace pour permettre la danse et les mouvements corporels. La musique peut être accessible dans le coin lecture lorsqu'elle est utilisée pour créer une ambiance calme et douce. La manipulation d'instruments de musique ou la danse et l'expression corporelle sont des activités plus énergiques et plus sonores ayant donc avantage à se trouver dans un coin spécialement aménagé. La psychomotricité est un aspect important du développement du jeune enfant: glissoires, ballons, etc. sont des éléments de jeu à fournir tout au long de la journée. Pour permettre aux enfants de bouger en toute sécurité, la solution pourrait être de réserver un local pour les activités de psychomotricité. Le manque d'espace oblige cependant à trouver d'autres solutions: ranger le mobilier le long des murs pour que le coin mouvement s'organise au centre de la pièce. Cependant, il est important de tenir compte des besoins des jeunes enfants sur ce plan et il est souhaitable qu'ils puissent avoir accès en tout temps à des éléments de jeu qui y répondent avec les protections adéquates. Les enfants plus âgés peuvent, quant à eux, profiter d'un espace extérieur qui répondra à leurs besoins d'exercer leurs habiletés motrices.

Coin de menuiserie

Ce coin doit offrir à l'enfant la possibilité d'utiliser des matériaux de construction et des outils. L'aménagement est simple: un banc de travail pouvant accommoder un maximum de quatre enfants et une étagère pour y ranger les outils. Après avoir fabriqué un objet, l'enfant peut utiliser le coin d'expression plastique pour le peindre et le coin des blocs ou de jeux symboliques comme élément fonctionnel. Il est évident que ce coin s'adresse aux enfants plus âgés et qu'une surveillance étroite de l'éducatrice est nécessaire. On peut y créer de véritables objets en bois en clouant, sciant et en transformant les matériaux pour leur donner une nouvelle forme. Les établis jouets qui comprennent des outils, des boulons et des vis en plastique conviennent mieux au coin de jeux symboliques, car ils ne permettent pas de véritables constructions.

Coin d'eau et de sable

L'enfant adore ce type d'activité qui lui permet de creuser, remplir, vider, mélanger, modeler, mouler en expérimentant les textures de l'eau, du sable ou d'autres matériaux tels que fèves, riz, couscous, etc. Ce coin ne nécessite pas d'espace spécifique; le bac peut être rangé dans un coin de la pièce et installé au centre du local lorsqu'on l'utilise.

Coin des sciences

Ce coin regroupe le matériel nécessaire tant pour effectuer des expériences scientifiques que pour cultiver des plantes. C'est le coin par excellence des découvertes et des manipulations.

Les bacs à eau et à sable ainsi que le matériel servant aux sciences peuvent être mobiles: l'éducatrice les rassemble rapidement sur une table ou au sol et les range après utilisation afin de ne pas surcharger l'espace.

Cour extérieure

C'est le lieu privilégié pour se délier les muscles, surtout si le service de garde ne possède pas de gymnase intérieur. Pour enrichir le jeu des enfants autant en été qu'en hiver, on peut sortir des objets à l'extérieur (*Mega* blocs, casse-tête, matériel d'expression plastique, etc.). La cour offre des coins différents selon les saisons, ce qui la rend encore plus stimulante, tant pour les poupons que pour les enfants plus âgés. Tout comme l'aménagement intérieur prévoit des coins d'activités, l'aménagement extérieur doit permettre différents types de jeux. Le guide *Aménager une garderie*[3] en fait une description exhaustive.

Voici quelques suggestions de coins pouvant aisément être aménagés dans cet espace extérieur:

Coin de jeu actif

Ce coin est celui que l'on trouve le plus souvent dans les cours extérieures; il est équipé de balançoires, d'une structure à grimper et d'autres équipements permettant aux enfants de courir et d'escalader à volonté. Les surfaces de protection devraient toujours être adéquates. Ces équipements devraient être sécuritaires, c'est-à-dire bien conçus et adaptés à la taille des enfants.

Coin d'eau et de sable

Le carré de sable est également un élément de jeu très populaire à l'extérieur lorsque l'eau fait son apparition au cours des chaudes journées d'été. Les bacs à eau peuvent être utilisés indépendamment des piscines et on peut leur ajouter du sable afin d'expérimenter des textures différentes.

Coin de jeu calme

Ce coin permet aux enfants de se retirer en leur offrant la possibilité de s'adonner à une activité moins énergique. Une table de pique-nique ou un espace gazonné en retrait du coin de jeu actif est propice à la lecture, les casse-tête... la rêverie!

Coin de jeux symboliques

Un coin de jeux symboliques est intéressant à offrir à l'extérieur. Il y a plus d'espace qu'à l'intérieur et l'enfant peut y inventer des jeux de rôles différents.

Coin d'expression plastique

Chevalet ou table de pique-nique sont tout à fait indiqués pour permettre à l'enfant de représenter le monde qui l'entoure. La peinture, la pâte à modeler, la craie ne sont que quelques exemples de matériel de jeu à utiliser à l'extérieur.

Coin des sciences

Araignées, coccinelles et feuilles de toutes sortes sont au rendez-vous et n'attendent que d'être observés par de jeunes scientifiques en herbe. Un jardin de légumes, une bordure fleurie ou un bac de compostage permettent aux enfants de mieux comprendre les cycles de la nature.

Coin de menuiserie

La cour est l'endroit tout désigné pour offrir ce type d'activité. Les matériaux de toutes sortes permettent aux enfants de construire des éléments de jeu qu'ils pourront utiliser à l'extérieur.

Polyvalence de l'aménagement

Quand vient le temps d'enrichir l'aménagement existant, il n'existe pas de situation idéale: chaque service vit des contraintes matérielles, physiques et financières. On peut cependant apporter des modifications qui n'entraînent pas nécessairement des coûts énormes. Des coins peuvent être mobiles plutôt que fixes, ce qui permet d'organiser des espaces polyvalents. Cependant, cette notion de polyvalence ne signifie pas que les coins doivent être changés tous les jours. Les enfants ont besoin d'une stabilité dans leur environnement afin de retrouver aisément les jeux avec lesquels ils désirent s'amuser. Ainsi, on peut aménager un local autour de quelques coins fixes où le matériel se retrouve en permanence dans les espaces de rangement. À ces coins s'ajoutent des coins mobiles tels que les bacs à eau et à sable, qui sont rangés après utilisation. Les coins gagnent à être installés en permanence, car l'enfant y a facilement accès sans l'aide de l'éducatrice. Cette dernière consacre donc moins de temps à organiser l'environnement et plus de temps auprès des enfants.

L'organisation des coins doit également tenir compte des intérêts changeants des enfants. Ainsi, des coins peuvent être plus populaires que d'autres à certains moments de l'année, car ils répondent aux intérêts d'un bon nombre d'enfants. Ces coins occupent alors plus d'espace afin de permettre à un plus grand nombre d'enfants d'y jouer. Au fil des mois, alors que de nouveaux intérêts se développent, ces coins perdent un peu d'espace au profit de la création de nouveaux coins. Il faut donc considérer l'aménagement comme un élément dynamique du programme qui évolue et se transforme tout au long de l'année.

Les coins sont séparés les uns des autres par des divisions physiques ou psychologiques permettant à l'enfant de délimiter efficacement ses jeux dans l'espace. Une étagère, un paravent, une table ou une ligne sur le plancher constituent des divisions efficaces. Division ne signifie cependant pas «prison»: l'enfant doit pouvoir circuler d'un coin à l'autre en apportant certains éléments de jeu.

Ainsi, l'enfant qui met un casque de construction et imite les gestes d'un travailleur peut aller dans le coin des blocs pour y faire rouler un gros camion. L'éducatrice doit garder en tête que l'enfant se développe globalement et que ses jeux se composent de différents éléments se trouvant dans plusieurs coins. Elle doit faire preuve de souplesse et de jugement afin de permettre certains jeux et d'en éviter d'autres. Ainsi, un enfant qui fait rouler son camion bruyamment dans le coin lecture ou sur la table de peinture peut être invité à le déplacer sur la piste tracée au sol dans le coin des blocs. S'il pose le camion à ses côtés alors qu'il regarde un livre, il ne perturbera pas le climat calme recherché dans le coin lecture et l'éducatrice n'aura pas à intervenir.

L'organisation de l'espace en coins d'activités introduit une nouvelle dimension à l'animation de l'éducatrice, soit les regroupements d'enfants en sous-groupes. Comme l'espace est divisé en une série de coins, il est impossible d'accueillir tous les enfants dans un seul coin. Il faut alors introduire la notion de places limitées. Chaque coin doit permettre le jeu de trois ou quatre enfants simultanément. Certains coins peuvent en accueillir moins (bac à eau) ou plus (table à dessin). Là encore, l'éducatrice doit faire preuve de souplesse dans la répartition du nombre d'enfants dans chaque coin. Une simple règle s'applique: le coin doit allouer à chaque enfant suffisamment d'espace pour y jouer agréablement. Si les conflits surgissent, c'est qu'il peut y avoir trop d'enfants. Deux solutions s'offrent alors: limiter le nombre d'enfants ou agrandir l'espace en déplaçant le mobilier. Cette notion de places ne peut être comprise par les très jeunes enfants; l'éducatrice doit alors ajuster ses interventions de façon à réorienter les enfants vers d'autres coins si elle le juge nécessaire. Les enfants plus âgés comprennent mieux la notion de places limitées et voient à l'appliquer eux-mêmes sans l'intervention de l'éducatrice.

Réflexion en équipe sur l'aménagement

Avant d'effectuer des changements sur le plan de l'aménagement, il est nécessaire de procéder à une démarche préalable en équipe. Il s'agit de réfléchir afin d'apporter des modifications tenant compte à la fois des besoins des enfants et des éducatrices. Voici une démarche de réflexion en cinq étapes, à faire tant pour l'aménagement intérieur que pour l'aménagement extérieur:

1. Faire l'inventaire des aires de jeu du service de garde et voir comment ces aires sont réparties selon les locaux.
2. Noter les points forts de cet aménagement intérieur: les aires de jeu déjà aménagées en coins permettant aux enfants de se réunir par groupes de trois ou quatre.
3. Noter les points faibles de cet aménagement intérieur: aires de jeu réparties sur plusieurs étages, coins d'activités peu mobiles, absence de certains coins, etc.
4. À partir des plans d'aménagement illustrés sur les figures 1 et 2, énumérer les changements que l'on peut apporter sans toutefois entraîner des dépenses irréalistes. Faire un plan des locaux afin de mieux visualiser les modifications possibles.
5. Discuter en équipe des changements possibles et de leurs conséquences sur le fonctionnement quotidien.

Il est possible de concevoir l'aménagement selon différents modèles: chacun présente certains avantages et inconvénients. À la lumière des échanges en équipe, on peut préciser le modèle convenant le mieux aux besoins des enfants et du personnel. Il faut également noter que plusieurs modèles d'aménagement peuvent se retrouver à l'intérieur d'un même service de garde.

Aire fermée : un local – un groupe

Ce modèle suppose l'aménagement des coins dans chacun des locaux du service de garde où se trouve un groupe d'enfants. Les enfants sont regroupés, le plus souvent en fonction de leur âge, dans un local spécifique où ils s'amusent tout au long de la journée: local des poupons, local des trois ans, etc.

Ce modèle propose ainsi l'aménagement des coins dans chacun des locaux selon les besoins des enfants. Opter pour ce modèle comporte souvent un inconvénient, le manque d'espace, ce qui rend difficile d'aménager plusieurs coins en permanence; l'éducatrice doit alors organiser des coins mobiles qu'elle présente en alternance aux enfants alors que deux ou trois coins sont aménagés en permanence. Les enfants tirent cependant des avantages de ce type d'aménagement, car ils développent un sentiment d'appartenance à un lieu physique. Le matériel qui s'y trouve est bien adapté aux besoins des enfants du groupe. Enfin, l'éducatrice peut facilement modifier les coins afin de répondre aux nouveaux intérêts de son groupe d'enfants.

Aire fermée : deux locaux – deux groupes

Dans ce modèle, qui s'inspire du précédent, chaque groupe possède son local d'appartenance. La différence se situe dans l'aménagement des coins qui sont alors répartis dans deux locaux, voire même trois. Chaque local regroupe des coins fixes, complémentaires les uns aux autres. Ce modèle offre ainsi l'avantage d'offrir en permanence une plus grande variété de coins, car l'espace physique est doublé ou triplé. Les enfants qui occupent ces locaux ont donc plus de choix de coins à différents moments de la journée et conservent souvent un local d'appartenance pour des activités en petit groupe avec leur éducatrice respective. Ce fonctionnement nécessite un échange continu entre les éducatrices afin de bien coordonner leur organisation quotidienne.

Aire ouverte

Ce modèle réfère à un aménagement particulier où se trouvent deux ou trois groupes d'enfants tous réunis dans un grand local, sans cloison ou avec des cloisons mobiles. L'aménagement des coins est alors facilité, car ils peuvent tous être installés de façon permanente en raison du grand espace disponible. Les enfants ont la possibilité de faire plusieurs choix tout au long de la journée et les éducatrices n'ont pas à constamment sortir et ranger le matériel, faute d'espace.

Les deux derniers modèles correspondent souvent à une répartition des enfants en groupes multiâges. Afin d'assurer alors un fonctionnement harmonieux, il est préférable de réunir des enfants d'âges connexes: 18 à 30 mois, 3 et 4 ans, par exemple. L'éducatrice peut alors mettre à la disposition des enfants du matériel de jeu qui rejoint les intérêts de tous. Les groupes multiâges formés d'enfants ayant une plus grande différence d'âge présentent des défis supplémentaires. Un modèle d'aménagement mieux adapté à ce regroupement d'âges est abordé à la partie consacrée aux services de garde en milieu familial.

Les figures 1 et 2 présentent des plans illustrant les différents modèles d'aménagement intérieur et extérieur.

Figure 1

Plan d'aménagement intérieur comportant plusieurs coins d'activités[2]

Aire fermée : un local, un groupe

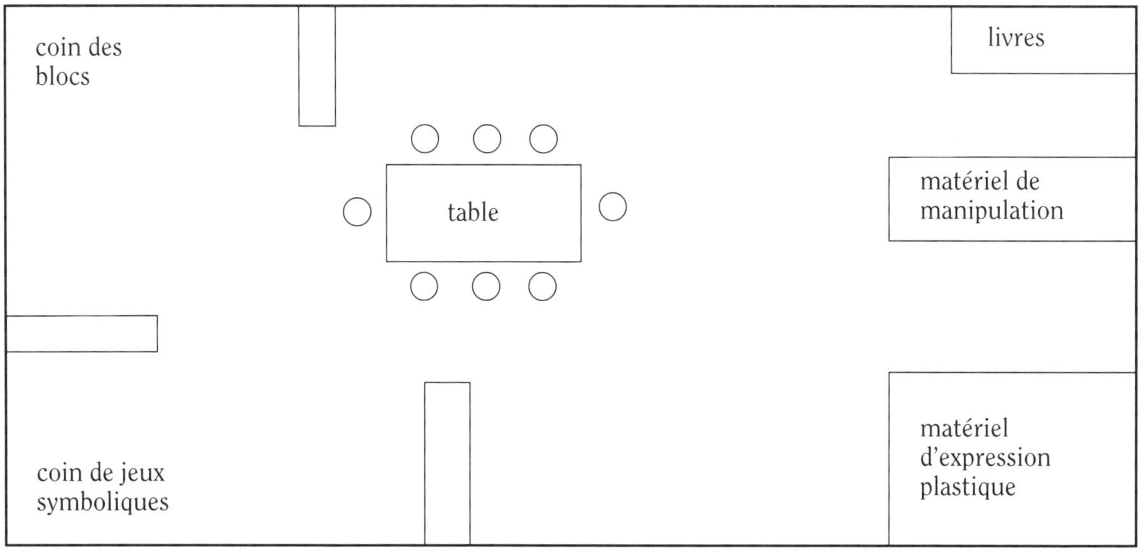

Aire fermée : deux locaux, deux groupes situés à proximité l'un de l'autre

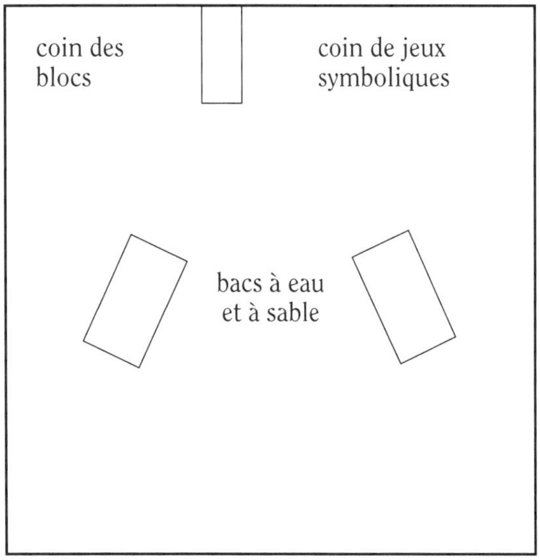

Aires de jeu bruyantes

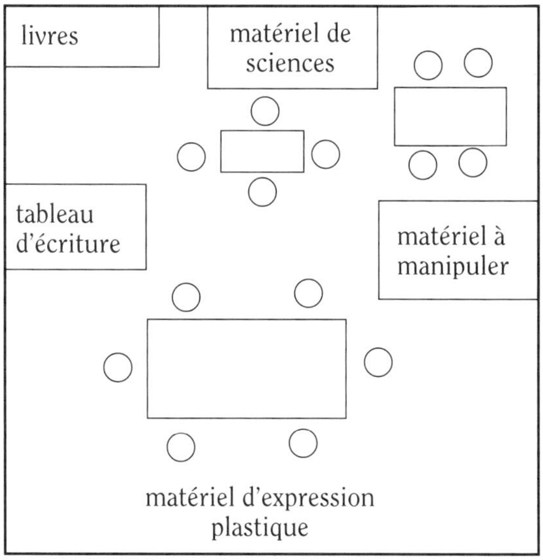

Aires de jeu calmes

Figure 2

Plan d'aménagement extérieur

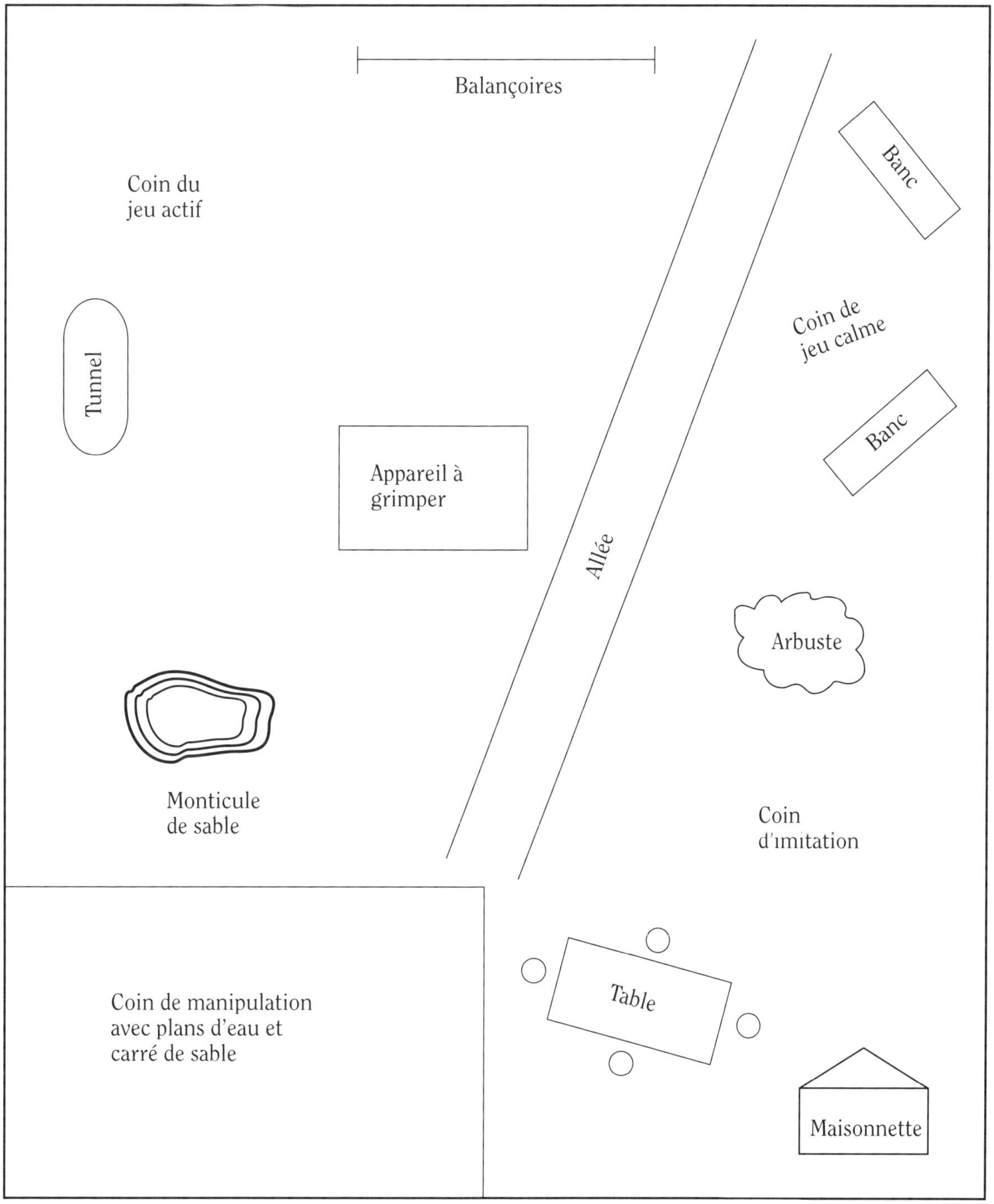

Matériel accessible aux enfants

L'organisation des aires de jeu se caractérise non seulement par des coins, mais par du matériel de jeu accessible aux enfants. Le matériel se trouve à portée de la main, ce qui permet à l'enfant de développer son autonomie. Seuls les objets qui demandent une supervision étroite de l'éducatrice sont gardés hors de portée des enfants. Cet aspect est important, car il permet de faire des choix variés. Ainsi, une étagère basse sur laquelle sont disposés plusieurs objets à manipuler offre au poupon la possibilité de faire des choix. L'éducatrice qui reçoit des enfants de 12 à 24 mois dispose dans une armoire des feuilles blanches et de grosses craies de cire, mais conserve les ciseaux sur une tablette hors de portée des enfants et les présente lorsqu'elle peut assurer une surveillance étroite à la table de dessin.

Système d'étiquetage

Une autre caractéristique de l'aménagement est l'étiquetage systématique[2] des espaces de rangement afin que l'enfant puisse bien visualiser l'endroit où se trouve chaque objet. Associer un objet avec une étiquette amène l'enfant à reconnaître des représentations, à classifier, à sérier et à établir des liens entre les différents espaces. Il éprouve également un meilleur sentiment de contrôle sur son environnement, car il peut repérer rapidement le matériel de jeu dont il a besoin et le ranger facilement lorsqu'il en a terminé.

Il est possible d'étiqueter les coins, les étagères et les bacs à rangement à partir de pictogrammes, d'images, de dessins, de photographies ou d'objets réels. L'étiquette doit être apposée bien à la vue afin de permettre à l'enfant de la repérer facilement. Il est important de ne pas trop surcharger l'environnement visuel d'étiquettes de toutes sortes. Il vaut mieux les apposer là où elles sont vraiment nécessaires.

Pour organiser le système d'étiquetage, voici quelques étapes importantes à suivre:

1. Observer attentivement tous les coins d'activités et noter les endroits où une étiquette est susceptible d'aider l'enfant à retrouver le matériel.
2. Choisir un mode de représentation visuelle: dessin, photographie, image ou l'objet lui-même.

Cette tâche nécessite un investissement de temps relativement important. Elle peut cependant devenir un projet intéressant où tout le personnel et les enfants participent. Ces derniers identifient les jouets dans chaque coin d'activités et recherchent les illustrations correspondantes à l'intérieur de catalogues de jouets. En participant activement, ils se familiarisent plus facilement au nouveau système de rangement. Procéder à l'étiquetage systématique de tous les coins d'activités constitue ainsi un projet à long terme s'échelonnant sur plusieurs mois.

Équipement, jeux et matériel éducatif

Tel qu'il est mentionné dans *Le kaléidoscope de la qualité*[1], l'équipement, les jeux et le matériel éducatif doivent être appropriés au programme d'activités, à l'âge et au nombre d'enfants reçus. Ils doivent être variés et de différents niveaux de complexité pour différents types d'activités. Le guide d'élaboration d'un programme d'activités *Créer un cadre de vie en garderie*[4] définit dans son cinquième fascicule les caractéristiques de variété, de complexité et d'accessibilité du matériel et de l'équipement de jeu.

Comme le précise *Le kaléidoscope de la qualité*[1], il est important de procéder à un inventaire de l'équipement, des jeux et du matériel éducatif pour chacun des coins d'activités. Afin de faciliter cette tâche, voici une liste d'objets et de jeux qui permettent à l'enfant de vivre les expériences clés proposées par le *High/Scope*[2].

Cette liste contient des suggestions d'éléments de base à rassembler dans chaque coin d'activités. Il est important de varier le matériel tout au long de l'année, en assurant une rotation afin de maintenir l'intérêt des enfants et leur poser de nouveaux défis. En déterminant la quantité de matériel à offrir, on doit également tenir compte du nombre d'enfants pouvant avoir accès à un coin simultanément. Ainsi, il est inutile d'offrir un service de vaisselle de douze couverts lorsque seulement quatre enfants jouent dans le coin de jeux symboliques en même temps. L'inventaire permet de réduire la quantité de matériel tout en assurant une variété. Le matériel retiré peut être rangé pour quelque temps et proposé de nouveau aux enfants, quelques mois plus tard. Il peut également être utilisé à l'extérieur afin d'enrichir les coins de la cour.

Coin des blocs

Matériel de construction

- blocs de formes et de dimensions variées ;
- boîtes en carton de toutes les grosseurs ;
- cylindres en carton de différents diamètres et de différentes longueurs ;
- matériaux recyclés : pièces de tapis ou de tissu, mousse de polyuréthanne, plexiglass, etc. ;
- corde, ficelle ;
- photographies de constructions faites par les enfants.

Matériel à assembler et à démonter

- camions et autos démontables ;
- blocs qui s'encastrent ;
- différents objets qui s'assemblent et se démontent avec des vis, des boutons-pression, etc.

Matériel pour l'activité de remplir et de vider

- camions à benne basculante de différentes grosseurs ;
- ferme, maison, garage, petit village ;
- paniers et boîtes de différentes dimensions ;
- petits objets pour animer la ferme, la maison, tels petites autos, figurines, animaux, etc. ;
- pour remplir : petits blocs, roches, cailloux, etc.

Matériel pour les jeux symboliques

- autos, camions, trains, avions, bateaux, autobus, etc. de différentes grosseurs;
- tapis avec signalisation routière pour faire circuler les autos;
- figurines, personnages et animaux.

Coin de jeux symboliques

Équipement et matériel de jeu à manipuler

- cuisinière, réfrigérateur, évier à la taille de l'enfant;
- batterie de cuisine, ustensiles de toutes sortes, ensemble de vaisselle, pots, bols, contenants divers. Il peut être intéressant d'utiliser ici des objets grandeur nature car ils sont souvent plus durables et les enfants peuvent les préférer à leurs homologues miniatures;
- napperons, nappes, tabliers, linges à vaisselle, éponges, etc.;
- contenants de nourriture vides, en carton ou en plastique;
- fruits et légumes en plastique, bouchons, boutons, etc., servant à imiter les conditions d'entreposage, de préparation et de cuisson des aliments.

Matériel servant à la préparation des aliments

Lors des activités culinaires, **il est très important qu'un adulte assure la supervision** afin d'éviter tout risque d'accident et de prévenir la transmission des infections.

Matériel pour le jeu dramatique

- miroir pleine grandeur incassable;
- poupées, animaux en peluche, marionnettes. Il est intéressant d'éveiller l'enfant au multiculturalisme en introduisant des poupées de races et d'ethnies différentes;
- téléphone, horloge;
- maquillage et toilette (serviette, peignes, brosses, etc.).
- matériel pour jouer à la poupée: lits, berceaux, chaises hautes, biberons, couches, vêtements;
- planche à repasser, balai et porte-poussière;
- accessoires variés permettant de jouer différents rôles;
- déguisements (vêtements, chapeaux, perruques, souliers, bijoux, costumes de différents pays, etc.);
- argent de papier, sacs à main.

Le coin des jeux symboliques doit permettre tant aux garçons qu'aux filles de faire des jeux de rôles. Il est important d'y retrouver du matériel qui correspond aux intérêts des deux sexes.

Des boîtes, contenant des objets et des vêtements servant à imiter différents métiers, peuvent être mises à la disposition des enfants :

- *l'épicerie :* caisse enregistreuse, argent, contenants vides, sacs en papier ;
- *le bureau de poste :* sac à courrier, enveloppes, timbres usagés, timbres et tampon encreur ;
- *le bureau du médecin :* uniformes blancs, trousse de premiers soins, pansements, stéthoscopes, seringues (sans aiguille) ;
- *la ferme :* salopette, chapeau de paille, bottes en caoutchouc, petits outils horticoles ;
- *la station-service :* vêtements de travail, petits outils ;
- *le restaurant :* tablier et chapeau de cuisinier, carnet de commandes.

Toutes ces boîtes et bien d'autres peuvent être recouvertes d'images permettant à l'enfant d'identifier aisément les personnages et situations qu'il a le goût d'imiter.

Le coin d'imitation peut facilement être équipé d'objets recyclés. Un appel à tous (personnel du service de garde, parents, etc.) lors du grand ménage du printemps peut permettre au service de garde de s'équiper de matériel varié à très peu de frais.

Coin d'expression plastique

Papier de différentes grandeurs, textures et couleurs

- papier de construction, vélin, papier de soie, glacé, papier journal, papier d'emballage, papiers-mouchoirs, papier d'aluminium, etc. ;
- assiettes et verres de carton ;
- papier peint ;
- cartons de différentes épaisseurs.

Matériel pour mélanger et peindre

- gouache, peinture à l'eau, peinture tactile ;
- contenants pour la peinture et la colle ;
- timbres et tampon encreur, pinceaux, rouleaux, éponges, brosses à dents.

Matériel pour coller et assembler

- colle ;
- agrafeuse et perforatrice ;
- ruban gommé, élastiques, trombones ;
- corde, ficelle, ruban d'emballage, laine, fil ;
- ciseaux.

Matériel pour représentations en deux dimensions

- crayons à mine, crayons de couleur, crayons de cire, crayons-feutres, pastels ;
- craies ;
- timbres et tampon encreur ;
- pochoirs ;
- vieux catalogues.

Matériel pour représentations en trois dimensions

- pâte à modeler, argile, pâte à base de sel, etc. ;
- morceaux de tissu ;
- rouleaux de carton ;
- boîtes de différentes grosseurs ;
- boutons, ouate, petits morceaux de bois ou de liège, pailles en plastique, etc. ;
- tout matériel recyclé sans danger pour les enfants.

Coin de manipulation

Matériel à assortir

- billes et perles de différentes grosseurs, à enfiler ;
- jeu de dominos.

Matériel à ordonner

- boîtes, verres, contenants s'emboîtant les uns dans les autres ;
- petits objets de toutes sortes à ordonner selon la couleur, la grosseur, etc.

Matériel pour assembler et démonter

- blocs *Lego* ;
- casse-tête ;
- divers jeux d'encastrement.

Matériel pour décoder

- jeux de loto, de mémoire et d'observation.

Coin de lecture

- livres de toutes sortes ;
- livres fabriqués par les enfants ;
- albums de photos ;

- jeux d'encastrement de lettres
- lettres et chiffres aimantés;
- papier et crayons;
- enveloppes.

Coin de musique et de mouvement

- chaîne stéréo;
- magnétophone, microphone et casque d'écoute;
- musique de différents pays (cassettes, disques);
- instruments de musique: triangles, bâtons rythmiques, clochettes, tambourins, etc.;
- rubans rythmiques, cerceaux, foulards pour accompagner les mouvements;
- petite structure pour grimper et glisser (et tapis protecteurs);
- objets à trier et pousser;
- ballons, balles.

Coin de menuiserie

- établi (pour scier et clouer);
- outils variés;
- clous, vis, écrous et boulons;
- papier de verre;
- morceaux de bois.

Coin d'eau et de sable

- petits bonhommes et autres figurines;
- autos et camions de plastique;
- contenants de différentes grosseurs, bouteilles de plastique;
- seaux et pelles;
- ustensiles de cuisine, vaisselle;
- tasses à mesurer;
- tout autre objet permettant de vider, transvider, expérimenter le phénomène de flottaison;
- pompe à eau.

Coin des sciences

- loupes, aimants, objets aimantés, balance ;
- plants de légumes, de fleurs, de céréales ou de fruits ;
- tout objet à découvrir, à observer et à manipuler.

Cour extérieure

Coin de jeu actif

- appareils pour grimper et se balancer : appareils pour grimper, échelles fixes, balançoires, filet pour grimper;
- appareils pour se hisser : anneaux, câbles, pneus suspendus;
- appareils pour glisser : glissoires, dunes de sable, pistes pour tricycles;
- structures pour se cacher : gros tuyaux de fibre de verre ou de plastique, structures faites à partir de morceaux de tissu, maisonnette, pneus empilés;
- appareils pour sauter: chambres à air, pneus;
- objets à pousser, à tirer et à conduire : tricycles, voiturettes, etc. ;
- objets à frapper et à lancer : balles, ballons, paniers de basket-ball.

Coin d'eau et de sable

- objets pour jouer dans l'eau et le sable : petits bonhommes et autres figurines, camions, autos, seaux et pelles, ustensiles de cuisine, vaisselle et contenants de toutes sortes, pompes à eau.

Coin de jeu calme

- jeux d'encastrement variés ;
- casse-tête, blocs *Lego* ;
- livres ;
- jeux de société.

Coin de jeux symboliques

- déguisements ;
- poupées, poussettes ;
- petit mobilier de cuisine ;
- vaisselle ;
- tout autre matériel servant à imiter.

Coin d'expression plastique

- chevalet et peinture;
- craies pour dessiner sur l'asphalte;
- crayons variés pour dessiner;
- pâte à modeler, argile.

Coin des sciences

- bac contenant des loupes, des pinces, des contenants pour recueillir des spécimens de toutes sortes;
- filet à papillon;
- jumelles;
- outils de jardinage.

Coin de menuiserie

- objets pour construire: planches de différentes dimensions, boîtes, couvertures, draps, outils variés.

Inventaire du matériel

Afin de s'assurer que chaque coin d'activités favorise la stimulation du développement global de l'enfant, il est intéressant d'inventorier le matériel éducatif [5], en reprenant chacune des sphères de développement et les expériences clés qui y sont rattachées.

Dans les pages qui suivent, un modèle de grille d'inventaire est suggéré; il peut être repris et adapté selon l'organisation physique du service de garde.

L'utilité de procéder à un inventaire, c'est de pouvoir s'assurer, d'une part, que tous les coins d'activités sont représentés dans le service de garde et, d'autre part, que ces coins contiennent tout le matériel nécessaire à la stimulation du développement global de l'enfant.

Pour chaque domaine du développement de l'enfant, les listes fournissent l'énumération des neuf coins d'activités, plus la cour extérieure. Il faut retenir que certains coins favorisent davantage des aspects spécifiques du développement. Par exemple, le coin lecture est tout désigné pour l'apprentissage de la lecture et de l'écriture. Mais il ne faut pas conclure pour autant que ce soit le seul; par exemple, le coin des blocs peut favoriser cet apprentissage s'il contient des jeux d'encastrement en forme de lettres. La cour extérieure peut également stimuler l'apprentissage de la lecture et de l'écriture si l'on y retrouve des pictogrammes accompagnés d'écriture.

Ainsi, ces listes d'inventaire devraient aider à choisir le matériel éducatif caractéristique de chacun des neuf coins d'activités, tout en permettant d'offrir une variété d'éléments permettant à l'enfant de vivre l'ensemble des expériences clés.

L'inventaire révélera également la présence d'objets polyvalents qui jouent un rôle dans plusieurs aspects du développement de l'enfant. Ainsi, de petits camions peuvent être manipulés, comptés, sériés et peuvent aussi servir à des jeux d'imitation, de coopération, etc. En tenant compte de l'utilité de tels objets pour le développement, il peut être indiqué d'en augmenter la quantité et la qualité.

Le canevas de liste présenté au tableau 1 permet d'inventorier le matériel nécessaire au développement socio-affectif et moral, en favorisant l'initiative et les relations sociales chez les enfants.

Le tableau 2 concerne le matériel favorisant le développement du langage, de l'écriture et de la lecture. Pour synthétiser la présentation, ces trois aspects se trouvent sur une seule liste, mais il est possible, à partir du modèle, de dresser des listes séparées.

Le matériel requis pour le développement de la représentation créative peut être répertorié à l'aide de la liste du tableau 3. En dressant cette liste, on suggère de porter une attention particulière à la présence : de modèles, de photographies et d'images d'objets réels et d'objets réels pour faire des imitations et des jeux de rôles ainsi que de matériel pour créer des modèles, peindre et dessiner.

Au tableau 4, on trouve un modèle d'inventaire du matériel requis pour stimuler le développement cognitif sur le plan de la classification. Le matériel est divisé en deux catégories servant de base à la classification, selon que les objets possèdent ou non les mêmes attributs.

Le développement intellectuel peut également être stimulé sur le plan de la capacité de sériation, et le tableau 5 s'y rapporte. Le matériel requis se divise selon quatre catégories : le poids (du plus léger au plus lourd) ; les dimensions (du plus petit au plus grand, du plus mince au plus épais, du plus court au plus long) ; la texture (du plus doux au plus rude, du plus humide au plus sec) ; la complémentarité des éléments ou des ensembles (par exemple, associer des couvercles à des récipients ou à des casseroles, ajuster vis et écrous, etc.).

Le tableau 6 aide à dresser l'inventaire du matériel stimulant le développement cognitif sur le plan du concept des nombres. Deux catégories sont proposées : une pour les matériaux continus, pouvant être mesurés, transvidés, comme le sable, l'eau, la farine, etc., et une deuxième pour les matériaux discontinus, comme les blocs, les billes, les boutons, etc.

La liste du tableau 7 a également trait au développement cognitif, plus spécifiquement au concept d'espace. On y propose une double division : pour le matériel à démonter, à remodeler, etc. ; pour le matériel permettant d'expérimenter différentes positions dans l'espace.

Le matériel du tableau 8 est relatif au développement du concept de temps, sur le plan cognitif. La liste propose deux séries d'éléments selon des notions de vitesse et de temps.

Finalement, le matériel pouvant être listé au tableau 9 favorise le développement moteur par la musique et le mouvement.

Tableau 1

Liste du matériel disponible ou à se procurer pour stimuler le développement socio-affectif et moral (plus spécifiquement l'initiative et les relations sociales)

Coin d'activités	Matériel disponible	Matériel à se procurer
Blocs		
Jeux symboliques		
Expression plastique		
Manipulation		
Lecture		
Musique et mouvement		
Menuiserie		
Eau et sable		
Sciences		
Cour extérieure		

Tableau 2

Liste du matériel disponible ou à se procurer pour stimuler le développement du langage, de l'écriture et de la lecture

Coin d'activités	Matériel disponible	Matériel à se procurer
Blocs		
Jeux symboliques		
Expression plastique		
Manipulation		
Lecture		
Musique et mouvement		
Menuiserie		
Eau et sable		
Sciences		
Cour extérieure		

Tableau 3

Liste du matériel disponible ou à se procurer pour stimuler le développement de la représentation créative

Coin d'activités	Matériel disponible	Matériel à se procurer
Blocs		
Jeux symboliques		
Expression plastique		
Manipulation		
Lecture		
Musique et mouvement		
Menuiserie		
Eau et sable		
Sciences		
Cour extérieure		

Tableau 4

Liste du matériel disponible ou à se procurer pour stimuler le développement intellectuel sur le plan de la classification

Coin d'activités	Matériel disponible	Matériel à se procurer
Blocs		
Jeux symboliques		
Expression plastique		
Manipulation		
Lecture		
Musique et mouvement		
Menuiserie		
Eau et sable		
Sciences		
Cour extérieure		

Tableau 5

Liste du matériel disponible ou à se procurer pour stimuler le développement intellectuel sur le plan de la sériation

Coin d'activités	Matériel disponible à classer selon :			
	le poids	les dimensions	la texture	la complémentarité
Blocs				
Jeux symboliques				
Expression plastique				
Manipulation				
Lecture				
Musique et mouvement				
Menuiserie				
Eau et sable				
Sciences				
Cour extérieure				

Tableau 5 (suite)

Liste du matériel disponible ou à se procurer pour stimuler le développement intellectuel sur le plan de la sériation

Coin d'activités	Matériel à se procurer, à classer selon :			
	le poids	les dimensions	la texture	la complémentarité
Blocs				
Jeux symboliques				
Expression plastique				
Manipulation				
Lecture				
Musique et mouvement				
Menuiserie				
Eau et sable				
Sciences				
Cour extérieure				

Tableau 6

Liste du matériel disponible ou à se procurer pour stimuler le développement intellectuel sur le plan du concept des nombres

Coin d'activités	Matériaux continus, pouvant être mesurés, transvidés (ex. : eau, farine, etc.)		Matériaux discontinus, pouvant être comptés (ex. : billes, boutons, etc.)	
	Disponible	À se procurer	Disponible	À se procurer
Blocs				
Jeux symboliques				
Expression plastique				
Manipulation				
Lecture				
Musique et mouvement				
Menuiserie				
Eau et sable				
Sciences				
Cour extérieure				

Tableau 7

Liste du matériel disponible ou à se procurer pour stimuler le développement intellectuel sur le plan du concept d'espace

Coin d'activités	Matériaux à démonter, à remodeler, etc.		Matériaux pour expérimenter différentes positions dans l'espace	
	Disponible	À se procurer	Disponible	À se procurer
Blocs				
Jeux symboliques				
Expression plastique				
Manipulation				
Lecture				
Musique et mouvement				
Menuiserie				
Eau et sable				
Sciences				
Cour extérieure				

Tableau 8

Liste du matériel disponible ou à se procurer pour stimuler le développement intellectuel sur le plan du concept de temps

Coin d'activités	Matériel fonctionnant à différentes vitesses		Matériaux pour marquer le passage du temps	
	Disponible	À se procurer	Disponible	À se procurer
Blocs				
Jeux symboliques				
Expression plastique				
Manipulation				
Lecture				
Musique et mouvement				
Menuiserie				
Eau et sable				
Sciences				
Cour extérieure				

Tableau 9

Liste du matériel disponible ou à se procurer pour stimuler le développement de la motricité par la musique et le mouvement

Coin d'activités	Matériel pour bouger en se déplaçant ou sans se déplacer et pour explorer la musique	
	Disponible	À se procurer
Blocs		
Jeux symboliques		
Expression plastique		
Manipulation		
Lecture		
Musique et mouvement		
Menuiserie		
Eau et sable		
Sciences		
Cour extérieure		

L'environnement physique constitue un élément important du programme; son organisation doit offrir aux enfants une variété d'expériences clés tout au long de la journée. Il doit également tenir compte des activités de routine telles que la détente et les repas. Un environnement polyvalent qui respecte les intérêts des enfants leur permet de se retrouver seul, en petit groupe ou en grand groupe. Un environnement qui se veut accueillant, chaleureux, où il fait bon grandir, c'est ce dont ils profiteront le plus.

Horaire quotidien spécifique

Afin d'encourager l'apprentissage actif, le programme du *High/Scope* présente un horaire quotidien[2] qui inclut différents temps d'activités: la période d'atelier, l'activité en petit groupe et en grand groupe, les jeux à l'extérieur et les activités de routine telles que la détente et les repas. L'horaire quotidien permet ainsi à l'enfant et à l'éducatrice de participer activement au choix des activités tout en respectant les intérêts et besoins de chacun.

Description des périodes d'activités

La période d'atelier

L'atelier est une période importante de l'horaire quotidien, car il permet à l'enfant de faire des choix selon ses goûts et intérêts. C'est au moment de la période d'atelier qu'il est intéressant d'offrir à l'enfant une variété de choix en lui permettant d'avoir accès à un maximum de coins.

La période d'atelier comporte quatre étapes qui constituent une séquence **indissociable**:

1. la planification
2. la période de jeu
3. la période de rangement
4. le retour en arrière

1. La planification

Ce moment marque le début de l'atelier en permettant à l'enfant de faire un choix de jeu selon ses goûts et intérêts.

La capacité de planifier évolue avec l'âge; ainsi, il arrive au jeune enfant de deux ans de planifier en pointant du doigt un coin et en s'y dirigeant lorsqu'on lui pose la question: «Dans quel coin veux-tu aller jouer?». L'enfant de trois ans est capable d'indiquer clairement le coin où il désire jouer et peut même préciser le matériel qu'il utilisera: «Je vais faire manger mon bébé!». Enfin, l'enfant de quatre ou cinq ans complète sa planification en décrivant précisément comment il utilisera le matériel et même avec quel ami il s'amusera. Certains enfants conçoivent ainsi des plans simples alors que d'autres élaborent des plans plus complexes.

Tableau 10

Stratégies favorisant la participation de l'enfant à la planification

- regrouper les enfants en évitant de réunir 2 ou 3 groupes;
- aider l'enfant à reconnaître le matériel à sa disposition (voir section 2 pour des suggestions d'activités d'animation à la période de planification, selon les différentes sphères de développement de l'enfant);
- expliquer à l'enfant les activités spécifiques à chaque coin;
- accorder une attention particulière à l'enfant qui ne sait que faire, qui agit toujours selon le même plan ou selon un plan irréaliste ou qui exécute plusieurs plans à la fois;
- introduire des tableaux de planification afin que chaque enfant reconnaisse son choix et qu'il se le remémore régulièrement au cours de l'atelier.

Le temps de planification doit être calme, comme après une collation, et sa durée est de quelques minutes. Pour éviter de ralentir les enfants dans la poursuite de leur atelier, on peut leur permettre de se rendre au coin d'activités choisi même si un ou deux enfants hésitent encore dans leur planification.

La planification exige la création d'une relation démocratique entre l'éducatrice et l'enfant. L'enfant émet des idées, exprime des intentions sous la forme d'un plan plus ou moins détaillé. L'éducatrice l'encourage à préciser ses idées en l'écoutant attentivement ; elle établit ainsi une étroite collaboration avec l'enfant.

Le tableau de planification est important, car il permet à l'enfant de bien concrétiser son choix et d'accepter plus facilement le nombre d'enfants prévu dans chaque coin. Ainsi, le tableau indique clairement s'il reste une place dans le coin choisi par l'enfant. Comme il peut faire plus d'un choix au cours de la période d'atelier, il retourne au tableau de planification afin de signifier son nouveau choix. Le tableau doit être polyvalent, car les coins offerts chaque jour et le nombre de places peut varier. Voici un modèle de tableau facile à confectionner :

Figure 3

Modèle de tableau de planification

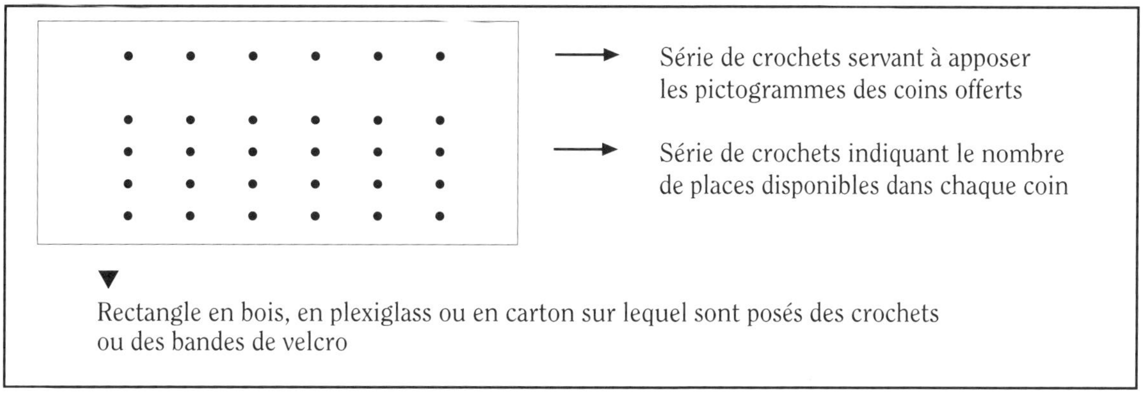

La première rangée horizontale permet d'apposer une série de pictogrammes illustrant les coins offerts ; il est intéressant d'y retrouver la même illustration que l'on trouve dans le coin d'activités.

Sous chaque pictogramme des coins, une colonne verticale permet d'indiquer le nombre de places disponibles ; l'enfant y appose son pictogramme personnalisé afin d'indiquer son choix. Il est nécessaire d'avoir plus de places disponibles que le nombre d'enfants présents afin que le dernier qui choisisse puisse avoir encore plusieurs choix. Pour un groupe de dix enfants, il devrait y avoir au moins 14 places disponibles réparties dans un minimum de quatre coins.

Il est intéressant de varier l'animation lors de la planification afin de ne pas la transformer systématiquement en causerie (voir la section 2 qui présente plusieurs suggestions : mime, dessin, jeu de devinettes et d'observation, etc.).

Le tableau de planification permet à l'enfant de signifier son choix ; d'autres moyens intéressants tels que des bracelets et des macarons servent également à concrétiser les choix. L'enfant qui joue au coin des blocs porte un collier approprié qu'il remet lorsqu'il procède à un nouveau choix et change de coin.

2. La période de jeu

Les choix des enfants se concrétisent à l'intérieur d'une période de jeu qui suit immédiatement la planification. Chaque enfant se rend dans le coin choisi afin d'y exécuter ce qu'il a planifié initialement. Évidemment, un enfant peut modifier son plan de départ : l'enfant qui va dans le coin des blocs, par exemple, et qui avait planifié de jouer avec les autos peut modifier son plan lorsque son ami lui propose de faire une construction de blocs ou pour d'autres raisons. Il est possible que l'enfant change d'idée, car la planification qu'il avait faite ne correspond plus à ses intérêts. L'éducatrice doit faire preuve de souplesse afin de lui permettre de revoir sa planification et de refaire un choix qui lui convienne mieux.

L'éducatrice n'adopte pas un style directif pour animer les enfants, c'est-à-dire qu'elle ne décide pas de ce qui sera exécuté dans chacun des coins. La période d'atelier ne constitue pas la tenue de trois ou quatre activités dirigées simultanément et où l'enfant doit faire une rotation obligatoire. Ce dernier utilise le matériel de chacun des coins selon ses goûts et intérêts. L'éducatrice peut proposer du matériel nouveau en lien avec le thème de la semaine, par exemple, mais n'impose pas ses choix à l'enfant. Celui-ci peut demeurer dans un coin aussi longtemps qu'il le désire et ce choix peut se répéter jour après jour.

L'éducatrice profite de l'atelier pour observer les enfants, reconnaître les intérêts de chacun, identifier leurs forces et habiletés personnelles et participer à leurs jeux. Tout en s'amusant avec eux, elle les questionne sur ce qu'ils font, encourage la création et la résolution de problèmes.

Tableau 11

Stratégies favorisant la participation de l'enfant à la période de jeu

- s'assurer qu'il n'y a pas plus de quatre enfants dans chaque coin d'activités : lorsque trop d'enfants optent pour un même choix, en réorienter quelques-uns ailleurs ;
- aider au démarrage des plans de chacun ;
- aider à modifier un plan, s'il y a lieu (l'activité choisie est trop complexe pour l'enfant) ;
- aider l'enfant à faire un nouveau plan, si celui choisi ne convient plus ;
- circuler dans les coins de façon à pouvoir observer tous les enfants ;
- aider l'enfant à négocier lors de situations de conflit ;
- encourager les réalisations de l'enfant ;
- participer activement à ses jeux ;
- questionner l'enfant et l'amener à faire de la résolution de problèmes.

La période de jeu a une durée variable selon le temps dont on dispose ; l'enfant peut y faire plus d'un choix. Il doit cependant effectuer un bref retour en arrière et planifier à nouveau avant de poursuivre son jeu dans un autre coin. Cette planification se fait sur une base individuelle alors que l'adulte demande à l'enfant dans quel coin il a le goût de s'amuser. Il peut alors vérifier au tableau de planification s'il y a une place disponible et accrocher son pictogramme à l'endroit choisi.

La saison estivale est propice à la tenue d'ateliers à l'extérieur ; organisée à l'aide de coins d'activités mobiles ou fixes, la cour peut présenter aux enfants un choix varié d'ateliers.

3. La période de rangement

Consécutif à l'atelier, cette période permet à chacun de replacer le matériel utilisé sur les étagères.

Tableau 12

Stratégies favorisant la participation de l'enfant au rangement

- prévenir à l'avance l'enfant de la fin de la période de jeu afin d'éviter l'effet de surprise qui pourrait engendrer frustration et refus de collaborer au rangement;
- rendre le rangement amusant en introduisant des jeux de vitesse, par exemple;
- participer activement au rangement, aider l'enfant qui semble débordé.

4. Le retour en arrière

Dernière étape de la séquence, le retour en arrière permet à l'enfant de se rappeler ce qu'il a fait durant la période de jeu. Cette période est importante, car elle amène l'enfant à revenir sur les actions qu'il a posées, ce qui lui permet d'organiser sa pensée au fur et à mesure que surviennent les événements. L'enfant développe ainsi la capacité de se remémorer ses actions et d'en faire une évaluation sommaire. Il peut prendre la forme d'une description verbale, d'un dessin, d'un mime ou de la présentation de la réalisation elle-même (construction en blocs *Lego*, peinture). La section 2 présente des idées originales pour animer le retour en arrière avec les enfants.

Tout comme au moment de la planification, lors du retour en arrière, l'éducatrice tente de créer une atmosphère de calme propice à l'échange. Elle privilégie l'écoute attentive de chaque enfant. Elle tente également de planifier des animations variées afin de ne pas se restreindre à la simple causerie où le retour ne se fait que sur le plan verbal. La période du retour en arrière étant aussi importante que celle de la planification, il faut éviter de l'expédier trop rapidement.

Tableau 13

Stratégies favorisant la participation de l'enfant au retour en arrière

- regrouper les enfants;
- demander à chacun de faire un retour en arrière;
- expérimenter différentes façons de faire le retour: dessin, écrit, mime, photographie, etc.

Tout comme la planification, le retour en arrière peut être fait sur une base individuelle ou collective. Tel que mentionné précédemment, un retour individuel se fait très bien lorsqu'il y a changement d'activité au cours de la période d'atelier. Un retour individuel peut également se faire durant le rangement ; l'enfant décrit sa construction avant de la défaire, par exemple. Il ne faut cependant pas privilégier uniquement le retour en arrière individuel au détriment de celui en groupe, car il prive l'enfant d'une occasion de présenter à ses amis ce qu'il a fait et d'en retirer un sentiment de fierté et de satisfaction personnelles. Il empêche les enfants de profiter de leurs expériences respectives.

L'activité en petit groupe

Elle permet à l'éducatrice d'initier, à son tour, une activité pour son groupe d'enfants. Cette activité, même si elle est décidée par l'adulte, doit encourager l'apprentissage actif en permettant à l'enfant d'explorer, de manipuler du matériel, d'utiliser tous ses sens, de faire des choix et de résoudre des problèmes. L'enfant apprend ainsi à connaître du matériel qu'il pourra ensuite utiliser lors de sa planification en atelier.

Lorsqu'elle planifie, l'éducatrice s'assure que tous les ingrédients essentiels à l'apprentissage actif sont présents (section 1). Elle se préoccupe des intérêts démontrés par les enfants, car elle les reconnaît comme de véritables partenaires. L'activité en petit groupe devient le lieu privilégié pour les découvertes et les explorations de toutes sortes. Comme l'éducatrice a le souci de fournir aux enfants un cadre d'apprentissage actif, cette période remplace en quelque sorte l'activité dirigée traditionnelle. L'enfant a toujours le choix de participer ou non à l'activité proposée par l'éducatrice; s'il ne désire pas le faire, celle-ci lui propose d'autres choix en parallèle. L'aménagement en coins permet ainsi d'offrir d'autres situations de jeux à ceux qui ne désirent pas participer à l'activité en petit groupe.

Voici un exemple qui illustre bien le déroulement possible d'une activité en petit groupe.

La fête des Mères aura lieu dans quelques jours et l'éducatrice propose aux enfants de souligner cet anniversaire en offrant à maman un petit quelque chose de spécial. Au cours de la semaine, elle discute avec les enfants afin de connaître leurs goûts et leurs idées tout en leur proposant différentes pistes. Le vendredi matin, d'un commun accord avec les enfants, l'éducatrice présente une activité en petit groupe où il sera possible de confectionner carte de souhait, sac cadeau et autres objets à partir de différents matériaux spécialement achetés pour l'occasion. Cette activité se déroule dans le coin d'expression plastique. Deux enfants manifestent leur désintérêt face à l'activité; l'éducatrice leur propose alors d'aller s'amuser dans un des coins d'activités. Elle s'empresse de leur signifier que le matériel sera disponible toute la journée s'ils désirent confectionner quelque chose pour leur maman.

Tableau 14

Stratégies favorisant la participation de l'enfant à l'activité en petit groupe

- regrouper les enfants;
- offrir suffisamment de choix de matériel pour que tous puissent manipuler à leur gré;
- encourager la collaboration et l'entraide;
- questionner les enfants en leur faisant décrire ce qu'ils réalisent;
- intégrer les cinq éléments de l'apprentissage actif (voir section 1);
- permettre à l'enfant d'y participer ou non.

L'activité en grand groupe

Ce moment privilégié permet aux enfants et aux éducatrices de deux groupes de se retrouver tous ensemble pour chanter, faire des jeux collectifs et planifier les activités à venir.

Les éducatrices planifient donc leur animation à tour de rôle en tenant compte des intérêts du groupe d'enfants. Elles s'assurent ainsi qu'ils sont actifs, qu'ils peuvent exprimer leurs idées, bouger, chanter, danser, etc. Cette période, planifiée autour des expériences clés, permet également aux enfants et aux éducatrices de créer des liens avec un autre groupe d'enfants. L'enfant qui ne désire pas y participer se voit offrir d'autres choix selon les coins d'activités disponibles.

Tableau 15

Stratégies favorisant la participation de l'enfant à l'activité en grand groupe

- réunir les enfants (2 groupes maximum) autour d'un cercle tracé sur le sol avec du ruban gommé de couleur;
- voir à ce que chaque éducatrice anime une activité, à tour de rôle;
- chanter, danser, initier des jeux coopératifs avec les enfants;
- permettre à l'enfant d'y participer ou non.

Voici un exemple d'activité en grand groupe, telle qu'elle a été proposée à un groupe d'enfants de deux ans et demi et trois ans.

Depuis quelques jours, l'éducatrice observe un intérêt marqué pour les chevaux chez certains enfants; ils aiment se promener à quatre pattes et s'inventent des histoires de grandes prairies! Elle décide alors de planifier son animation en grand groupe autour de cet intérêt. Elle présente ainsi aux enfants une nouvelle chanson sur les chevaux dont l'air est particulièrement entraînant. Elle réunit les enfants en cercle et demande à chacun d'imiter un cheval. Au son de la musique, elle invite les enfants à galoper à travers le local. Catherine, un peu intimidée par le groupe, reste debout sans bouger; elle ne désire pas faire l'activité. L'éducatrice lui propose alors d'aller regarder un livre ou de faire un casse-tête. Après quelques minutes de galop, elle appelle les chevaux à l'écurie en les invitant à mimer l'histoire racontée: « Les chevaux sont bien fatigués d'avoir tant galopé; ils reviennent lentement, d'un pas lourd. Ils entrent à l'écurie et se couchent sur la paille. Ils étirent leurs jambes, leur cou, etc. » Lorsque les chevaux sont détendus, l'éducatrice les invite à s'asseoir et poursuit avec la présentation des activités à venir. Enfin, elle indique aux enfants que la cassette musicale entendue est disponible dans le coin musique.

Les thèmes constituent un moyen intéressant de planifier les activités en petit et en grand groupe ainsi que la période d'atelier, alors que les coins sont enrichis par du nouveau matériel. Les thèmes doivent s'inspirer des intérêts des enfants; leur planification six mois à l'avance est un non-sens. L'éducatrice qui observe et est à l'écoute de son groupe trouve dans le thème une façon intéressante de maintenir en éveil la curiosité naturelle de l'enfant pour les choses qui l'intéressent, et ce, au jour le jour.

L'atelier chez les enfants de moins de trois ans

Les enfants de moins de trois ans ne peuvent pas toujours signifier clairement leur plan et l'évaluer par un retour en arrière, ce qui ne veut pas nécessairement dire qu'ils n'en font pas! L'enfant de quatorze mois qui se dirige vers le bac à eau et s'empresse d'y plonger les mains a un plan de jeu lorsqu'il choisit l'activité qui lui plaît. Ainsi, chez les groupes plus jeunes, l'atelier ressemble à une période de jeu d'exploration et de découverte autour de différents coins. L'éducatrice peut dire à l'enfant le nom du coin dans lequel il se trouve ainsi que ceux des objets avec lesquels il s'amuse. Lorsqu'il délaisse un coin pour se diriger vers un autre, elle peut le souligner verbalement. Le retour en arrière peut prendre l'allure d'une question de type : « As-tu joué avec les autos ? » ou « Tu as dessiné une voiture rouge, comme celle de papa ! ».

Le tableau de planification n'est pas adéquat pour ce groupe d'âge ; il n'est présenté aux enfants qu'à partir du début de la troisième année.

La période de jeu extérieur

Par le jeu extérieur, l'enfant entre en contact avec la nature et refait le plein d'oxygène. Il peut s'adonner à des jeux plus bruyants et y exercer sa motricité plus librement en raison de l'espace plus vaste qu'il y retrouve. L'éducatrice a le souci de planifier le jeu extérieur aussi bien que le jeu intérieur afin d'amener l'enfant à explorer et à manipuler. Elle doit offrir du matériel stimulant et varié. Il est intéressant d'organiser des ateliers extérieurs ainsi que des périodes en petit et en grand groupe proposant le dessin, la lecture, les expériences scientifiques, les jeux de construction et d'imitation, etc.

Tableau 16

Stratégies favorisant l'apprentissage de l'horaire quotidien

- suivre chaque jour la même séquence de périodes afin que l'enfant puisse anticiper ce qui vient ;
- prévenir à l'avance de tout changement apporté à l'horaire lors de l'activité en grand groupe ;
- dans les conversations quotidiennes, utiliser le nom des périodes pour permettre à l'enfant de mieux les identifier ;
- utiliser un signal sonore ou visuel pour marquer le début et la fin de chaque période ; afin de varier la routine, ce signal peut être effectué à l'aide d'objets trouvés dans les coins d'activités. Les enfants pourraient choisir eux-mêmes ces objets ;
- prendre des photographies des différentes périodes afin de permettre à l'enfant de bien visualiser l'horaire et les disposer sur une table. Retourner chaque photographie à l'envers, au fur et à mesure que la journée avance ;
- réduire les périodes de transition où les enfants perdent un certain contrôle ;
- identifier un endroit précis où les enfants iront lors des périodes de transition (sur le cercle tracé au sol, par exemple).

Le programme offre aux enfants la chance de vivre différentes activités en mode collectif ou individuel. Il rejoint ici les préoccupations énoncées dans *Le kaléidoscope de la qualité*[1] qui met en évidence l'importance d'offrir à l'enfant des activités variées. Il permet à l'enfant de participer à des jeux tantôt calmes, tantôt actifs, en mode individuel ou collectif (petit et grand groupe). L'organisation de différents coins permet la présentation d'activités motrices et de manipulation tant à l'intérieur qu'à l'extérieur. Enfin, l'horaire introduit une période où l'enfant décide de l'activité à poursuivre, mais permet également à l'éducatrice d'en faire autant. L'éducatrice propose ainsi à l'enfant un véritable contexte d'apprentissage actif où il peut développer autonomie, initiative et confiance en soi. Elle a la conviction que, tout au long de la journée, ce sont les besoins et les intérêts de l'enfant qui prévalent. L'horaire doit faciliter l'intervention de l'éducatrice et non devenir un carcan, ce qui entraînerait frustration et déception chez les enfants et le personnel.

Service de garde en milieu familial

Aménagement des aires de jeu intérieures et extérieures

Tout comme pour le service de garde en installation, le service de garde en milieu familial doit offrir une variété de coins d'activités. Afin de procéder à un tel aménagement, il peut être nécessaire d'utiliser plus d'une pièce de la maison. Chaque pièce regroupe des coins d'activités selon des caractéristiques spécifiques. Ainsi, le salon peut recevoir le coin des blocs et d'imitation alors que la cuisine devient le coin d'expression plastique et des jeux d'eau et de sable. Chaque aire de jeu doit offrir suffisamment d'espace pour que les enfants puissent bouger et se déplacer sans nuire aux jeux des autres. Enfin, les coins doivent tenir compte de l'ensemble des besoins des enfants, du poupon au plus âgé.

Le fait d'organiser des coins d'activités dans différentes pièces de la maison peut engendrer des problèmes sur le plan de la surveillance. Afin d'éliminer cette contrainte, on peut utiliser, pour la période de l'atelier, une seule pièce présentant deux ou trois coins d'activités différents. Il est possible de changer de pièce chaque jour : l'atelier se déroule une journée dans le salon et le lendemain dans la cuisine.

Voici quelques points de repères pour faciliter une réflexion sur l'aménagement existant :

1. Faire un plan des pièces disponibles ;
2. Faire une liste des coins d'activités et de leur emplacement possible selon leurs caractéristiques respectives (besoin d'eau, d'espace, de tranquillité) ;
3. Énumérer les changements que l'on peut y apporter sans toutefois entraîner des dépenses irréalistes ;
4. Se rappeler que certains coins peuvent être fixes alors que d'autres sont mobiles.

Un système d'étiquetage peut faciliter le rangement du matériel et des jeux. En plus de favoriser l'autonomie de l'enfant, un tel système développe sa capacité à classifier.

Équipement, jeux et matériel éducatif

L'organisation du matériel éducatif peut devenir un casse-tête lorsque des enfants d'âge varié sont reçus dans un même espace de jeu. Le programme préconisant un libre accès au matériel, il est important de respecter ce principe malgré la présence d'enfants plus jeunes. Une solution possible est de disposer les jouets qui leur sont destinés sur les étagères les plus basses alors que ceux destinés aux enfants plus âgés peuvent se retrouver sur les étagères du haut. Du matériel varié permettant à l'enfant de vivre des expériences clés doit être disponible dans chaque coin d'activités. Afin de dresser un inventaire du matériel nécessaire, utiliser les listes proposées à la page 85.

Horaire quotidien

Un horaire quotidien peut constituer un outil d'organisation et de soutien intéressant en milieu familial où la responsable se retrouve souvent seule. Lorsque les enfants sont bien affairés à une activité qui leur plaît, il devient plus aisé de préparer les repas et les collations, de nettoyer ou de faire les changements de couche.

Tout comme en service de garde en installation, l'horaire quotidien permet à l'enfant de prévoir les activités de la journée, ce qui contribue à développer un sentiment de sécurité et de contrôle sur les événements à venir. Les différentes périodes d'activité peuvent être introduites en tenant compte de la présence d'enfants d'âge différent. Par exemple, l'activité en petit groupe peut servir à la préparation de la collation avec les enfants ou à toute autre tâche qui permet la participation de tous. Ainsi, la planification peut se faire à partir d'un tableau d'illustrations, qui peut être utilisé tant par le très jeune enfant qui parle peu (en pointant du doigt) que par les plus âgés. Comme il est mentionné précédemment, la période d'atelier peut se dérouler dans une même pièce pour tous les enfants afin d'assurer une surveillance constante.

Un horaire bien planifié permet d'associer des activités de base (ex. : changement de couche) avec des activités plus calmes pour les enfants plus âgés. Un horaire se doit d'être flexible afin de s'adapter à la réalité du milieu de garde. Il constitue cependant un outil extrêmement intéressant pour soutenir l'intervention auprès de l'enfant.

2

Environnement humain

Travail en équipe

L'implantation d'un nouveau fonctionnement nécessite une bonne capacité d'adaptation de la part des intervenants. Lorsque des changements sont proposés, il devient important que chaque membre de l'équipe joue un rôle actif dans le processus entrepris.

Le programme du *High/Scope* encourage le travail en équipe plutôt que l'intervention isolée de chacun des membres du personnel. Le partage de coins communs d'activités conduit presque inévitablement à la nécessité de travailler avec une ou deux autres éducatrices. Développer un esprit d'équipe n'est cependant pas chose facile ; c'est un processus qui s'échelonne sur plusieurs mois, voire des années. Chaque personne possède ses propres valeurs, son propre style d'intervention qui la caractérise des autres. Les réactions face à une situation donnée peuvent alors varier d'une éducatrice à l'autre.

Les membres de l'équipe sont des partenaires actifs qui partagent équitablement le contrôle. Ce qu'elles désirent faire vivre aux enfants, elles le mettent elles-mêmes en pratique. Chaque membre doit faire preuve d'authenticité, d'ouverture à l'échange, de tolérance et de respect. L'équipe mise sur les talents et les habiletés de chacune pour solutionner les problèmes qui se présentent. Il est important d'insister également sur la mission première du service de garde, soit le bien-être et le développement des enfants, afin de prendre les décisions les plus justes.

Enfin, les membres de l'équipe doivent échanger de l'information sur les enfants afin de s'offrir un soutien mutuel et de développer de meilleures stratégies d'intervention. La résolution de problèmes devient alors une responsabilité de groupe et non celle d'une seule personne.

Afin de faciliter le travail en équipe, voici quelques suggestions :

1. Procéder en équipe à l'aménagement des aires de jeu et à l'organisation du matériel éducatif.

Après avoir pris connaissance des points *Aménagement des aires de jeu* et *Équipement, jeux et matériel éducatif* présentés au début du chapitre 1, se réunir en équipe afin d'évaluer l'aménagement des aires de jeu et l'organisation du matériel éducatif.

Permettre à chaque membre de participer activement au processus de changement en mettant à profit ses talents particuliers. Avoir la chance d'émettre des opinions, de discuter avec les autres et de jouer un rôle clé permet une meilleure adaptation au programme proposé.

2. Dresser une liste de tâches.

Établir les tâches de chaque membre de l'équipe constitue un moyen efficace d'améliorer le fonctionnement quotidien. Que ce soit pour la préparation de matériel destiné à un atelier spécifique, il est important de s'assurer que chaque éducatrice accomplisse une partie du travail. « Qui accompagne les enfants à la salle de bain ? » « Qui anime une activité transitoire en attendant le retour de tous les enfants ? » Il est important de mettre en lumière toutes ces situations quotidiennes et d'établir le rôle joué par chacune.

3. Établir des attentes claires pour les membres de l'équipe.

Implanter un nouvel horaire quotidien comprenant une période d'atelier peut représenter un énorme défi pour une équipe habituée à évoluer dans un cadre plus fermé et directif. Afin de ne brusquer personne, se fixer ensemble des attentes réalistes qui pourront être révisées régulièrement selon le cheminement des membres. Afin d'assurer une cohérence dans les interventions, il est important de trouver un consensus qui permettra à chacune de se sentir à l'aise.

4. Établir des attentes claires pour les enfants.

Établir des attentes claires pour les enfants permet d'éliminer certaines mésententes entre éducatrices. « Qu'est-ce qui est permis et qu'est-ce qui ne l'est pas ? » Des règles du jeu précises sécurisent l'enfant et assurent une cohérence dans les interventions. L'implantation d'un nouveau mode de fonctionnement et des règles qui l'accompagnent peut se faire graduellement afin de laisser à l'enfant la chance de s'adapter aux nouvelles attentes.

5. Décider ensemble d'une période de temps consacrée à la planification.

Planifier est essentiel à un bon fonctionnement ; l'équipe doit convenir d'une période de temps pour discuter des activités collectives à présenter aux enfants.

La section 4 portant sur la communication présente plusieurs autres stratégies visant l'amélioration du climat d'échange entre les membres de l'équipe.

Planification des activités

La planification des activités constitue un élément important du travail d'équipe. Se doter d'un programme éducatif ne suffit pas à assurer une qualité d'intervention. Les éducatrices doivent planifier ensemble les activités qui permettront d'atteindre les objectifs de développement chez l'enfant.

1. Planifier en équipe

Allouer une période à la planification des activités collectives est nécessaire au bon fonctionnement. Cette période devrait idéalement être quotidienne, mais la réalité ne le permettant pas nécessairement, une période hebdomadaire est essentielle. Elle permet à l'équipe de faire un retour sur les activités présentées, le déroulement de l'horaire et d'apporter les correctifs nécessaires. Elle peut également inclure une planification des activités collectives telles que la période en grand groupe, les sorties et les fêtes spéciales (Halloween, Pâques, etc.). Elle offre à chacun la chance d'échanger sur des observations des enfants, de revoir certaines attentes afin d'améliorer le fonctionnement général, d'étudier plus précisément les besoins particuliers de certains enfants et, enfin, de faire un partage des tâches en vue d'activités à venir.

2. Faire de la résolution de problèmes

Lorsque survient un problème, chercher à établir des stratégies afin de le résoudre. Même s'il n'y a pas consensus sur le plan des stratégies retenues, les expérimenter et en évaluer l'impact. Il est important de discuter d'un problème, mais il est essentiel d'identifier des solutions possibles.

3. Noter les observations faites de façon systématique

Afin d'évaluer les activités en vue d'une meilleure planification, noter de façon systématique les observations faites tout au long de la journée.

4. Évaluer régulièrement le travail en équipe

Au fil des mois, évaluer le travail en équipe: «Quels sont les problèmes qui surviennent?» «Les solutions trouvées?» «Quelles sont les forces et faiblesses de l'équipe?»

Effectuer des changements dans une organisation peut entraîner de la résistance chez certaines personnes : il est important d'être à l'écoute de celles-ci afin qu'elles sentent qu'elles ont elles aussi, un rôle actif à jouer.

Participation parentale

La *Loi sur les centres de la petite enfance et autres services de garde à l'enfance*[6] assure aux parents le droit à une participation active au sein de leur service de garde. Cette participation s'effectue dans le cadre d'un conseil d'administration ou d'un comité de parents. La participation parentale est un élément important qui assure une qualité de services.

Le kaléidoscope de la qualité[1] énumère chacun des éléments susceptibles d'amener les parents à participer. En premier lieu, il faut établir une bonne communication. Celle-ci permet des échanges quotidiens sur le déroulement de la journée et sur les activités réalisées. Des rencontres périodiques permettant de discuter des progrès, des réussites et des difficultés de l'enfant, tant à la maison qu'au service de garde, sont également essentielles. Un échange soutenu de renseignements contribue à favoriser la participation parentale. Que ce soit par la remise aux parents d'un contrat de service, d'un programme éducatif, de règles de fonctionnement, d'avis de convocation aux réunions de différents comités, de comptes rendus de rencontres, le service de garde doit s'assurer que l'information transmise est bien reçue par les parents. Enfin, une participation tant ponctuelle (fêtes, sorties, soirées-rencontres) que quotidienne est souhaitable.

L'implantation du programme peut constituer une occasion intéressante d'amener plus concrètement l'ensemble des parents à prendre part au processus entrepris par le conseil d'administration ou le comité consultatif de parents et le personnel.

On peut, par exemple:

1. Amener les parents à comprendre le nouvel aménagement des aires de jeu

Organiser une rencontre où les parents pourront découvrir le matériel éducatif contenu dans chaque coin d'activités. Expliquer le type de jeu encouragé par cet aménagement. Inviter les parents à participer en fournissant du matériel de récupération ou en fabriquant des articles de jeu (vêtements pour jeu de rôles, coussins pour coin lecture).

2. Familiariser les parents à l'horaire quotidien

Lors de cette même rencontre, faire vivre aux parents les différentes périodes de la journée. Informer personnellement les parents n'ayant pu assister à la rencontre.

Les parents doivent être mis en confiance dès le départ; ce lien est important, car il détermine le type de relation qui sera vécue. Il faut réussir à leur fournir des outils pour qu'ils découvrent leurs compétences en tant que premiers éducateurs de leurs enfants. L'information fournie, les conseils, les échanges sont essentiels. En particulier, la personnalisation des rapports, les demandes restreintes, l'absence de jugements ou de critiques, la réceptivité, le respect mutuel, etc. favorisent les échanges positifs entre les parents et les membres du personnel des services de garde[7].

Finalement, il faut retenir que la participation des parents doit être favorisée en adoptant une politique d'ouverture à son égard tout en leur laissant le soin de déterminer eux-mêmes l'importance de celle-ci. Le programme doit réussir à joindre les parents en tenant compte des contraintes de la vie familiale. Enfin, si les parents sont encouragés à observer et à participer, les éducatrices, quant à elles, sont responsables d'établir un contact régulier avec la famille. La qualité de ce contact contribue en grande partie au succès de l'intervention.

La section 4 reprend cette dimension importante du travail en service de garde, soit la communication entre les parents et les éducatrices.

Section

4

Jouer, c'est magique

La communication et les relations entre les parents et le personnel des services de garde

1

Introduction

La collaboration entre le personnel éducateur et les parents

La notion de collaboration et de partenariat entre les parents et le personnel des services de garde est un élément fondamental du programme. Plusieurs études portant sur la qualité des services de garde identifient la collaboration et le partenariat avec les parents comme un des critères de qualité importants d'un service de garde.

Dès 1974, Urie Bronfenbrenner[1*], dans une recension majeure de programmes d'intervention précoce, a mis de l'avant l'importance de la famille. Ses recherches ont démontré que la participation active de la famille d'un enfant était l'élément critique du succès de tout programme d'intervention. Sans l'engagement de la famille, tout effet des interventions, au moins dans la sphère cognitive, semble disparaître rapidement une fois le programme terminé. Au contraire, l'engagement des parents comme partenaires peut renforcer les effets du programme durant son déroulement et une fois qu'il est terminé.

Depuis, les recherches sur les services de garde, leur qualité et leur effet sur le développement de l'enfant, se penchent de façon répétée sur la participation des parents, élément souvent associé au statut des services de garde (ex.: rapport Cooke[2], Cloutier et Tessier[3], Pitre-Robin[4]). Différents modes de participation des parents (à la gestion, à la pédagogie, aux services; décisionnelle, informative ou d'appoint, etc.) peuvent exister ou non en même temps dans un service de garde. Le fait que les parents forment un conseil d'administration ou un comité de parents leur assure une participation sur le plan pédagogique. Ce mode de participation est certainement celui qui peut permettre le plus de cohérence entre les valeurs de la famille et celles du service de garde. Cette cohérence est une condition de base du développement des enfants.

Au terme de trois années de recherche sur la garderie québécoise, Cloutier et Tessier[3] ont formulé des propositions nettement favorables à la participation des parents pour faciliter l'adaptation des services de garde et ainsi ce que vit l'enfant. On peut y lire (page 331):

- «... le contrôle du service de garde doit appartenir à la famille, autant dans ses composantes organisationnelles que financières.
- Le potentiel développemental du service de garde est lié à la compatibilité entre ce milieu et la famille elle-même. Il est nécessaire qu'il y ait concertation entre la famille et le service de garde en ce qui concerne les valeurs et attitudes éducatives. Le rapprochement apparaît fondamental sans quoi ce nouveau milieu risque d'exercer sur l'enfant des pressions éducatives isolées sinon contradictoires par rapport aux contingences familiales.

* La numérotation correspond à celle des références présentées à la fin de l'ouvrage.

- Il est possible d'augmenter la participation de la famille au service de garde par une incitation systématique. Ce mesures ne seront toutefois durables que si les parents peuvent autodéterminer les modalités et le contenu de leur participation et se voir ainsi davantage responsables.»

Plus récemment, le comité national américain chargé de formuler des recommandations sur l'avenir des programmes *Head Start* s'est basé sur des rapports de recherche disponibles et de nombreuses consultations[5]. Ce comité souhaite que la qualité des services devienne une priorité. Il encourage ainsi la recherche de l'excellence dans les services offerts aux enfants et à leurs familles, incluant l'engagement des parents. Le comité demande aussi que plus d'enfants aient accès aux programmes, en tenant compte de leurs besoins et de ceux de leurs familles. On y désigne explicitement les services de garde comme des services destinés à deux générations d'individus, les enfants et leurs parents. Le *High/Scope Perry Preschool Project*[6] dont s'inspire *Jouer, c'est magique* comporte également deux volets d'intervention: l'un auprès des enfants et l'autre auprès des parents.

Dans ce contexte, la nécessité d'une bonne communication entre les parents et le personnel du service de garde est évidente afin d'offrir à l'enfant un environnement éducatif et de qualité.

Si la communication entre le personnel et les parents s'avère essentielle, elle n'est cependant pas une tâche facile. Les difficultés de communication peuvent devenir un obstacle majeur à l'établissement d'une relation de confiance entre les parents et le personnel de garde. La participation parentale devient alors ardue, même si elle constitue un élément essentiel de l'environnement humain à privilégier à l'intérieur du programme *Jouer, c'est magique* (section 3, p. 107).

La présente section reprend les grands principes de base en communication interpersonnelle et fournit des outils pratiques pour en améliorer la qualité. Il propose également différentes formes de participation parentale en tenant compte des besoins et intérêts de chacun.

La notion d'appropriation du rôle parental

Le programme encourage la participation des parents sur plusieurs plans. Il reconnaît que ceux-ci ont un rôle spécifique à jouer dans les services de garde que fréquentent leurs enfants. Cette reconnaissance rejoint la notion *d'appropriation* développée au cours des dernières années par les personnes et organismes qui interviennent auprès de la famille[7].

L'appropriation est définie comme le développement, chez l'individu, de ses propres habiletés et d'une confiance en soi lui permettant de s'engager activement dans sa collectivité. C'est un processus volontaire fondé sur le respect mutuel, la réflexion critique, l'attention à l'égard des autres et la participation à des groupes afin d'acquérir un plus grand contrôle de ses ressources.

En appliquant le principe d'appropriation du rôle parental, on reconnaît que les parents doivent pouvoir **participer activement** à l'éducation de leurs enfants. Il peut en résulter chez les parents:

- la création d'une image de soi positive;
- un désir de s'engager plus directement auprès de leurs enfants;
- un intérêt à s'informer de leur développement;
- un désir de participer plus activement au service de garde.

Cette conception de l'apprentissage actif est déjà présente dans les principes pédagogiques du programme, en ce qui a trait aux enfants. Les parents doivent se retrouver dans un même contexte d'apprentissage afin de véritablement s'approprier leur rôle d'éducateur.

Les parents sont ainsi reconnus comme les premiers éducateurs de leurs enfants car ils vivent avec eux un lien affectif unique. Ce sont les parents qui les connaissent le mieux même s'ils ne détiennent pas toutes les connaissances sur le développement de l'enfant. Tous les parents possèdent des forces et leurs expériences doivent être mises à profit. Il est donc essentiel de les reconnaître comme de véritables experts.

Le concept d'appropriation redéfinit les relations entre les parents et le personnel du service de garde. Il doit y avoir une véritable association des forces et des limites de chacun tant sur le plan des connaissances que sur celui du savoir-faire, et ce, dans une perspective de respect et de valorisation personnelle. L'éducatrice n'est plus une experte mais une partenaire des parents.

Une telle vision des relations entre l'éducatrice et les parents permet à ces derniers d'être les véritables acteurs de la gestion de leurs ressources éducatives et de l'actualisation de leur autonomie. Cet apprentissage dans la réciprocité amène l'éducatrice à apprendre des parents et de la famille leurs réalités, leurs besoins, leurs aspirations et leurs ressources. L'éducatrice devient ainsi une précieuse collaboratrice, une partenaire offrant des services éducatifs complémentaires à la famille.

Cette relation d'égal à égal permet à chacun de s'approprier son pouvoir et de développer un sentiment de compétence sans porter ombrage au pouvoir de l'autre. Cette collaboration repose sur un respect et une attention réciproques; les parents y contribuent par la connaissance qu'ils ont des forces et des faiblesses de leurs enfants et par les expériences vécues sur le plan affectif. Celles-ci sont composées des rêves que les parents ont pour leurs enfants, de leur désir de voir leurs petits grandir heureux et de leur donner un peu plus que ce qu'ils ont eux-mêmes reçu. De leur côté, les éducatrices collaborent en partageant avec les parents les connaissances formelles et pratiques qu'elles détiennent sur le développement de l'enfant. Ainsi, parents et éducatrices contribuent ensemble à fournir à l'enfant un environnement éducatif riche en expériences de toutes sortes.

La communication interpersonnelle est vitale à l'appropriation. L'habileté à communiquer de façon efficace a des incidences directes sur la vie personnelle des parents et du personnel éducateur. L'expression des besoins, condition essentielle au développement de l'appropriation, passe par une communication efficace entre les individus.

Reprenons, à présent, les attitudes de base qui favorisent une telle communication entre les individus. Ces attitudes constituent la clé de la réussite des échanges entre le personnel et les parents d'un service de garde.

La communication entre les parents et le personnel

Les attitudes de base en communication

Avant de définir les attitudes de base en communication, il est important de connaître le processus de communication.

La figure 1 met en place les acteurs en jeu, tels que décrits par Gordon[8], Boisvert et Beaudry[9] et plusieurs autres, lors de l'échange d'un message, soit l'émetteur et le récepteur.

Figure 1

Le processus de communication

Émetteur	**Message**	**Récepteur**
celui qui parle		celui à qui le message est envoyé et qui y réagit
↓		
il a une **intention**: une certaine idée de ce qu'il veut dire à l'autre ou une idée de ce qu'il veut que l'autre comprenne	→ →	il y a un **effet**: des mots sont entendus, l'image de l'idée est reçue
↓		
Code l'idée en **mots**		

La communication est bonne, claire et précise lorsque celui qui parle, l'*émetteur*, obtient l'effet qu'il voulait avoir sur celui qui écoute, le *récepteur*.

L'intention = L'effet

Voici les conditions optimales pour en arriver à une telle équation:

L'émetteur doit:

- clarifier ses intentions en exprimant le plus *fidèlement* possible ses idées, ses sentiments et ses volontés
- émettre un message clair tant sur le plan *verbal* que *non verbal*
- éviter de s'imaginer que l'autre devine sa pensée (ex.: tu sais bien ce que je veux dire)
- utiliser un langage (des mots) suffisamment clair et précis pour que le récepteur n'ait pas à deviner.

Le récepteur doit:

- être à *l'écoute* afin de saisir le plus fidèlement possible *l'intention* de l'émetteur
- ne faire aucune supposition sans *vérification* auprès de l'émetteur

Une communication se ferme, se brise ou devient mauvaise pour plusieurs raisons; l'émetteur peut envoyer un message qui ne correspond pas à son intention alors que le récepteur peut mal saisir le message.

La communication se brise lorsque l'émetteur:

- formule mal son idée
- utilise un vocabulaire méconnu du récepteur
- adopte un ton de voix inadéquat
- fait des remarques désobligeantes
- émet des messages non verbaux ne reflétant pas ses paroles
- insulte, utilise les sarcasmes

La communication se brise lorsque le récepteur:

- a une capacité d'écoute limitée
- démontre trop de sensibilité face au contenu du message
- a une connaissance limitée du sujet sans l'avouer à l'émetteur
- a des préjugés
- a une aversion pour celui qui parle

> La communication se brise en présence de conditions particulières:
> - les bruits ambiants
> - le «mauvais moment» (le récepteur n'est pas en mesure de bien écouter)
> - les interruptions par d'autres personnes (les enfants, par exemple)

Deux éléments clés contribuent à une bonne communication: la clarté du message de l'émetteur et l'écoute active manifestée par le récepteur.

La clarté du message de l'émetteur

Comme le démontre Gordon[8], un message clair est essentiel à toute bonne communication; il doit permettre à l'émetteur d'exprimer *ses* idées, *ses* sentiments et *ses* volontés. L'utilisation du *message-je* constitue l'attitude de base à privilégier lorsque l'individu désire communiquer un message.

Le *message-je* touche directement la personne qui parle; il décrit comment elle se sent face à une situation sans porter préjudice à l'autre. Le *message-tu*, de son côté, accuse ou transmet le blâme, la critique ou le jugement; il peut même entraîner la colère et l'humiliation chez celui qui le reçoit. La forme accusatrice du *message-tu* est souvent utilisée, car l'émetteur se sent obligé de justifier ses sentiments pour être accepté. Cette expression indirecte et accusatrice empêche cependant l'autre d'accepter les sentiments négatifs de l'émetteur et l'amène à simplement répondre à l'accusation d'une façon défensive.

Voici quelques exemples de messages formulés en «*tu*» et repris sous la forme du *message-je*.

message-tu		message-je
Tu n'es jamais à l'heure. (message accusateur)	→	Je suis inquiète lorsque tu es en retard. (expression des sentiments)
Tu n'arrêtes pas de me déranger, tu es capable de jouer seul. (message accusateur)	→	Je n'ai pas le goût de jouer lorsque je suis fatiguée. (expression des sentiments)
Tu n'es pas gentil de vouloir garder tous les blocs pour toi. (message accusateur)	→	Je trouve dommage que les amis n'aient pas assez de blocs pour faire une construction. (expression des sentiments)
Tu n'habilles pas David assez chaudement et tu oublies de lui mettre des bottes alors qu'il fait si froid. (message accusateur)	→	Je suis ennuyée que David n'ait pas de vêtements chauds pour jouer; je crains qu'il ne prenne froid en souliers. (expression des sentiments)

Comment s'assurer qu'un message n'est pas accusateur:

Formule gagnante	Intégrer toujours dans la phrase le « *je* » ou « *cela me* » et préciser l'idée : « Quand survient telle chose, je ressens tel sentiment ».

Exercice
Utilisation du message-je

Le *message-je* s'apprend au fil des échanges avec les autres. Il est possible d'exercer sa capacité à bien formuler les messages en inventant des jeux de rôles.

Imaginer une scène où on a à régler un conflit avec une autre personne.

Enregistrer la conversation.

Relever les *messages-je* et les *messages-tu*.

Reprendre ces derniers et voir comment il est possible d'en modifier la forme afin qu'ils deviennent des *messages-je*.

Le *message-je* ne suffit pas à assurer une clarté du message. Il est important de vérifier si le récepteur a bien compris le message:

L'intention = L'effet

Exercice
Vérification de la clarté du message

Reprendre la scène précédente.

Vérifier la clarté du message en demandant à son partenaire ce qu'il a compris de ce qu'on lui a dit et ce qu'il ressent face au message reçu.

Lui demander, par exemple:

« J'aimerais savoir si je m'exprime assez clairement »

« Qu'est-ce que tu ressens par rapport à ce que j'ai dit ? »

L'écoute active

L'écoute active telle que la définit également Thomas Gordon[8], c'est le langage de l'acceptation. Elle constitue un élément essentiel à une bonne communication interpersonnelle. En position d'écoute active, l'émetteur (celui qui envoie le message) se sent accepté tel qu'il est, ne craignant aucun jugement, aucune critique de la part du récepteur (celui qui reçoit le message).

L'écoute active, c'est l'écoute du message total de l'autre, basée sur une attitude intérieure qui reconnaît que chaque personne qui parle mérite notre attention et notre respect, car elle a des choses valables à dire.

L'écoute active signifie donc respect et acceptation inconditionnelle de l'autre. Lorsqu'elle se sent acceptée telle qu'elle est, avec ses défauts et ses qualités, la personne reçoit comme message qu'elle est libre d'aller plus loin, qu'elle peut en dire plus, qu'elle ne sera pas jugée ou rejetée. Accepter ne signifie pas nécessairement être d'accord avec ce que l'autre dit mais signifie que ses paroles sont reçues et écoutées.

Voici un exemple illustrant une mauvaise et une bonne application de l'écoute active.

Situation	⟶	Enfant en pleurs : « Danielle, Marie ne veut pas jouer avec moi ! »
Écoute non active	⟶	Éducatrice : « Ne t'occupe pas d'elle et choisis-toi un autre jeu ».
Écoute active	⟶	Éducatrice : « Tu aimerais jouer avec Marie mais elle ne veut pas et cela te fait de la peine ».
Il y a vérification du message de l'enfant en faisant ressortir les sentiments éprouvés.		

L'écoute active permet ainsi à l'enfant de se sentir vraiment compris ; il est alors mieux disposé à trouver une solution pour régler le problème vécu. L'écoute doit également être suivie d'un reflet, c'est-à-dire une vérification de la compréhension du message auprès de l'émetteur. Dans l'exemple précédent, l'éducatrice reformule à l'enfant ce qu'elle croit avoir compris du message. L'enfant confirmera son sentiment ou le précisera si le reflet n'est pas juste.

Tableau 1

Attitudes en écoute active

Attitudes négatives	Attitudes positives
• Préparer la réplique pendant que l'autre parle • Tolérer les distractions • Juger le propos ennuyeux • Critiquer l'apparence de celui qui parle • Se laisser aller à son imagination	• Se concentrer sur le message • Écouter et chercher les idées principales émises dans le message • Écouter et ne pas juger • Rester détendu

Pour améliorer les attitudes en écoute active, il faut prendre le temps de bien enregistrer le message émis. Il faut garder l'esprit ouvert tout en évitant d'être distrait ou accaparé par des sentiments qui nuisent à l'attention ou qui la bloquent. Enfin, il est nécessaire de voir au-delà de l'apparence physique, du langage ou des gestes de l'émetteur en se concentrant sur le message.

Il est important d'aborder ici la notion de perception et son rôle dans le processus de communication. L'individu qui se met en position d'écoute active doit être conscient qu'il structure l'information qui lui parvient des diverses stimulations qui l'entourent et se façonne ainsi une image personnelle du monde extérieur. Chaque individu prête donc attention aux stimulations qui l'intéressent; il les apprécie et modèle ses comportements et ses idées à partir de ces sélections. Le message envoyé par l'émetteur est ainsi interprété par le récepteur en fonction de la représentation que celui-ci se fait de la réalité. C'est comme si chaque individu portait une paire de lunettes teintée lui faisant voir la vie d'une certaine couleur. Comme il n'y a pas deux personnes qui partagent des expériences identiques, chacun voit la vie selon sa propre couleur. Ces différentes perceptions peuvent entraver le processus de communication entre les individus. Il est alors essentiel de bien vérifier le contenu du message afin d'aller au-delà de ses perceptions.

L'écoute active exige donc de:

Vérifier le contenu	→	miser sur la bonne compréhension du contenu du message
et		
refléter les sentiments	→	s'assurer de bien comprendre les sentiments exprimés par l'autre
en	→	• acceptant les sentiments de l'autre • reconnaissant les sentiments exprimés, sans les juger • ne démontrant ni accord, ni désaccord • s'assurant d'avoir bien compris le message envoyé par l'émetteur • étant conscient de ses perceptions

Les messages non verbaux

Si l'écoute active signifie le décodage des messages verbaux (mots), elle représente également le décodage des messages non verbaux. Ceux-ci sont le véhicule par excellence des sentiments et des émotions. Lorsqu'un message verbal (ce qui est dit) ne semble pas correspondre au message non verbal (ce qui n'est pas dit), ce dernier est fort probablement le plus juste. Le reflet aide alors le récepteur à préciser les véritables sentiments exprimés par l'émetteur.

Un bon contact des yeux doit s'établir entre les individus engagés dans un processus de communication. Grâce à son regard, le récepteur signifie à l'émetteur qu'il s'intéresse à lui. Lorsque ce regard est fuyant, cela peut être un indice de fermeture à la communication.

La voix a une grande importance car elle vient teinter le message émis. Un débit trop rapide peut nuire à la compréhension du message alors qu'un débit lent et un ton de voix ennuyeux découragent l'écoute active chez le récepteur. La voix peut envoyer un message différent des mots qui sont dits. Le récepteur, grâce à l'écoute active, s'assure que la voix et les mots forment un message cohérent qui reflète les mêmes sentiments.

Exemple :	
Question :	Comment vas-tu ?
Réponse :	Ça va bien (dit sur un ton ennuyeux avec peu d'énergie)
Décodage :	Besoin de reflet afin de préciser la cohérence entre le message verbal et le message non verbal : « Je ressens de la fatigue dans ta voix, est-ce que je me trompe ? »

Exemple :	
Question :	Comment vas-tu ?
Réponse :	Ça va bien ! (dit sur un ton ferme, avec une intonation marquée)
Décodage :	Aucun reflet nécessaire, il y a cohérence entre le message verbal et le message non verbal : un sourire, une posture droite, une poignée de main énergique.

L'expression faciale et gestuelle renferme une quantité de messages non verbaux importants à décoder. Le sourire, principal message qui émane du visage, peut, tout comme la voix, ne pas correspondre aux sentiments exprimés. Certaines personnes sourient même lorsqu'elles sont en colère alors que d'autres conservent une expression froide même en état de grand bonheur ; une relation intime ou de longue date avec ces personnes permet alors de mieux les comprendre. Les gestes et la posture sont également des indices importants à noter. Des bras croisés ou une rigidité du corps peuvent signifier une fermeture à la communication.

La distance interpersonnelle, c'est-à-dire l'espace physique existant entre les deux individus participant à un échange verbal peut favoriser ou décourager la communication. Il est essentiel de trouver la distance idéale afin que chacun se sente à l'aise d'écouter et de s'exprimer.

Tableau 2

Les ingrédients de base d'une bonne communication

Un *message-je* qui exprime clairement les idées, les sentiments et la volonté.
Une écoute active des messages verbaux et non verbaux.
Un respect et une acceptation de l'autre.

Les types de communication

Les expériences vécues avec les autres nous amènent souvent à constater que, dans certaines situations, même si nous appliquons les principes de base de l'écoute active, la communication demeure insatisfaisante. À d'autres moments, nous tentons d'exprimer nos sentiments mais le message reste incompréhensible. Il existe des types de communication qui favorisent les échanges et d'autres qui créent tout simplement une fermeture.

Jean-Marie Boisvert et Madeleine Beaudry[9] décrivent quatre types de communication qui influencent directement le climat d'échange avec les autres. Ces types de communication peuvent se retrouver chez un même individu selon les situations dans lesquelles il se trouve.

Le type passif

Le type passif est caractérisé par le fait que la personne ne respecte pas ses propres besoins, droits et sentiments. Il les oublie ou ne leur accorde que peu d'importance par rapport à ceux de l'autre. Il permet ainsi à l'autre de choisir à sa place. Il accepte tout des autres sans rien demander pour lui-même. L'individu qui utilise un tel type de communication a beaucoup de difficulté à exprimer ce qu'il ressent, car il n'en voit pas l'importance. Il croit ainsi être mieux accepté et apprécié par les autres.

Le type manipulateur

Celui ou celle qui utilise ce type de communication est digne des plus fins renards ! La personne tente de satisfaire ses volontés par des moyens non explicites ou détournés. C'est donc une façon d'exploiter les autres par des ruses en changeant d'opinion selon les personnes ou en utilisant compliments, flatteries ou menaces.

Le type agressif

La personne qui utilise un type de communication agressif dans ses échanges avec les autres exprime de façon hostile ses idées ou ses sentiments par des mots ou des actions qui obligent à la soumission. La personne agressive ne voit pas les droits et les besoins de l'autre ; elle est centrée sur elle-même. La coercition, c'est-à-dire la menace ou la punition, constitue la façon privilégiée d'obtenir l'accord de l'autre. La personne rejette, ridiculise et rabaisse l'autre. La contre-attaque est alors inévitable, ce qui diminue de beaucoup les chances d'entente.

Le type affirmatif

Le type affirmatif représente le type gagnant en communication. Communiquer de façon affirmative permet d'exprimer ses pensées, ses sentiments et ses opinions par des mots ou des gestes, et ce, de manière calme, honnête et respectueuse tout en exprimant le désir de connaître les sentiments, les pensées et les opinions de l'autre. Ce type de communication suppose le respect de soi-même en exprimant ses besoins, ses goûts, ses idées et ses droits et le respect de l'autre en reconnaissant ses besoins, ses goûts, ses idées et ses droits.

Une telle attitude est efficace parce qu'elle permet des compromis et vise à la fois la satisfaction de ses besoins et le respect des autres.

Myers et Myers[10] font ressortir l'importance qu'occupent les types de communication dans un échange interpersonnel qui se veut fonctionnel. Deux éléments viennent s'y ajouter: l'art de faire confiance et la réduction des défenses.

Afin de rendre la communication interpersonnelle fonctionnelle ⟶	on doit	• faire confiance • réduire ses défenses • adopter un type de communication affirmatif

La confiance

Faire confiance, c'est se laisser toucher par le comportement de l'autre. Pour ce faire, on doit croire que l'autre veut et est capable d'éviter de se comporter de façon blessante. **On fait confiance à quelqu'un lorsqu'on croit profondément qu'il est capable de respecter les autres.**

La confiance ne s'obtient pas par la force. Si l'autre se méfie, il trouvera toujours un prétexte pour justifier son manque de confiance. On ne peut que continuer à lui faire confiance en espérant qu'il en viendra à adopter la même attitude. **On doit prendre l'initiative de faire confiance à l'autre plutôt que d'attendre que celui-ci le fasse. Si on veut être perçu comme une personne de confiance, on doit faire le premier geste, s'ouvrir, même si cela comporte un certain risque.**

La réduction de ses défenses

Communiquer avec les autres comporte des risques tels que le rejet, la critique ou la raillerie. Le climat de communication doit être soigné avec grande attention. Lorsqu'il y règne une non-confiance, on adopte souvent une stratégie défensive pour se protéger.

En voici quelques exemples:

L'attaque
La meilleure défensive, c'est l'attaque... tout comme au hockey! Elle constitue un comportement direct très risqué car il peut y avoir contre-attaque et mise en échec!

Certains optent alors pour l'attaque indirecte, soit le sarcasme, la raillerie ou la moquerie.

L'évitement
Le retrait du jeu permet de ne pas se mettre dans des situations embarrassantes.

Réduire ses défenses signifie éviter l'un ou l'autre de ces comportements à l'intérieur de nos échanges.

Toute communication qui ressemble à une évaluation, un jugement ou un blâme aura fort probablement comme effet d'accentuer l'attitude défensive de celui ou celle qui la reçoit. Si on pense que les autres jugent et critiquent, il est probable qu'on se sentira menacé.

Tout comportement qui véhicule ouvertement un manque de sentiment ou de chaleur humaine communique aux autres un manque d'intérêt. Cette impression de rejet suffit à briser la communication, car chacun a besoin de se sentir reconnu et accepté.

L'adoption d'une attitude hautaine et distante nuit également à un bon climat de communication.

L'**égalité** dans les relations interpersonnelles est essentielle. D'où l'importance de ne pas jouer à l'**expert**. L'**égalité** assure le partage des similitudes et des différences sans une évaluation perpétuelle, sans une rivalité constante pour la première place, pour chaque idée et dans chaque échange.

Le type affirmatif

Figure 2

Le type de communication affirmatif

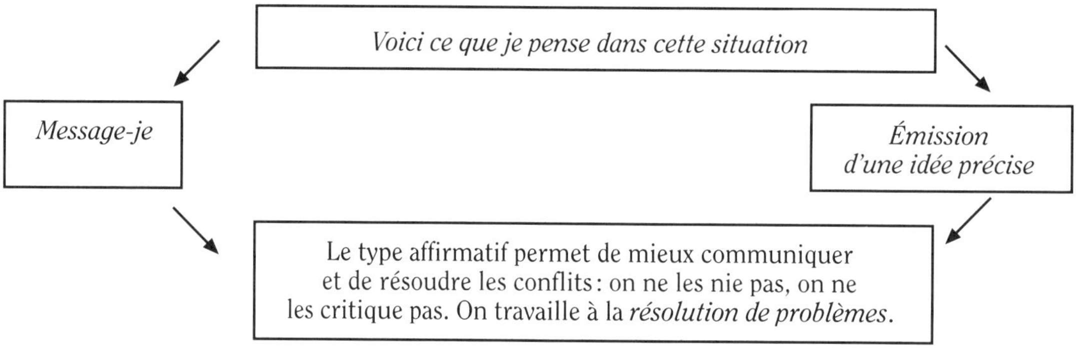

Les conflits interpersonnels : l'art de négocier

Adopter un type affirmatif améliore la qualité de la communication mais ne réussit pas à éliminer tous les risques de conflits. Abordons maintenant l'art de la négociation afin de régler efficacement les conflits interpersonnels.

Les conflits doivent être vus comme un élément de toute relation. Qu'importe le degré de rapprochement, d'amour, de compatibilité ou de respect entre deux personnes, il y a toujours des moments où leurs besoins, leurs pensées, leurs sentiments ou leurs actions entrent en conflit. Deux personnes ne peuvent jamais être à ce point pareilles qu'elles pensent, ressentent ou agissent toujours de façon identique. Les conflits qui surgissent ne doivent pas avoir nécessairement des conséquences destructives pour elles. Tout repose sur l'art de négocier. **On ne peut changer le fait qu'il existe des conflits. On peut cependant changer sa façon de les envisager, de les traiter et de les résoudre.**

Un conflit non réglé peut être destructif, car il consume tellement l'énergie des personnes en cause qu'il ne leur laisse plus de place pour entreprendre quelque autre action que ce soit.

Il est donc **essentiel** de développer des stratégies de négociation ; le tableau 3 présente trois stratégies couramment utilisées.

Tableau 3

Stratégies de négociation

Éviter le conflit	• En espérant le voir disparaître.
Désamorcer le conflit	• En essayant de gagner du temps, en recherchant des arrangements sur des points mineurs.
Affronter le conflit	• En adoptant des stratégies *perdant-gagnant* basées sur le pouvoir.
	• En adoptant des stratégies *perdant-perdant* basées sur le compromis.
	• En adoptant des stratégies *gagnant-gagnant* basées sur la résolution de problèmes et la conviction qu'avec de la créativité et de la bonne volonté, une solution peut concilier deux points de vue opposés.

Éviter le conflit permet de se retirer, de nier ou de fuir la situation conflictuelle. On néglige d'y faire face en espérant qu'elle disparaisse... comme par magie.

Désamorcer le conflit amène à rechercher des compromis sur des aspects mineurs en évitant d'affronter le véritable problème. On préfère arrêter le conflit, suspendre le combat afin de permettre au climat de se calmer. Il n'y a cependant pas une véritable résolution du conflit.

Affronter le conflit exige une participation entière... c'est le combat dans l'arène ! Il peut s'y instaurer une relation *gagnant-perdant* basée sur un rapport de force inégal. Le gagnant obtient la victoire en utilisant de façon abusive son pouvoir et met l'autre en situation de perdant.

L'instauration d'une relation *perdant-perdant* ne permet pas non plus une véritable résolution de problèmes, car on recherche alors uniquement des compromis qui ne satisferont aucune des parties.

La véritable résolution de conflits s'inscrit dans une relation *gagnant-gagnant* où l'affrontement se fait par un face-à-face.

L'objectif ultime est la résolution du conflit et non la recherche d'un responsable ou d'un coupable.

Il doit y avoir exploration de solutions à partir d'un remue-méninges (*brainstorming*) ; cet appel à la créativité permet de trouver une solution intéressante pour tous.

Tableau 4

Étapes de la résolution d'un conflit[8]

1. Diagnostiquer la vraie nature du conflit:
   il est important d'établir clairement la situation conflictuelle.
2. S'engager dans l'affrontement en utilisant le *message-je*.
3. Écouter activement le message émis par l'autre.
4. Résoudre le conflit en formulant toutes les solutions imaginables, des plus irréalistes aux plus réalistes, à partir d'un remue-méninges.
5. Soupeser et évaluer chacune des solutions.
6. Retenir la meilleure solution: celle qui obtient le consensus.
7. Concrétiser, appliquer et réaliser la solution retenue:
   Qui? Quand? Quoi? Comment?
8. Évaluer et réviser la solution.

Exercice

Voici un jeu de rôles permettant de mettre en pratique les huit étapes qui mèneront à une résolution de conflit de type *gagnant-gagnant*.

Situation :

Danielle est l'éducatrice de David, 4 ans. Depuis quelques semaines, David adopte des comportements qui perturbent le fonctionnement du groupe. Danielle a tenté d'aborder la question avec la mère de David, mais sans succès. Aucune réponse n'a été donnée aux nombreuses notes laissées au casier. Danielle est très décue, d'autant plus que ce matin, David a tout simplement dépassé ses limites. En fin d'après-midi, elle accoste la mère de David dans le vestiaire et voilà, toute la déception accumulée durant l'attente éclate: les propos sont vifs et accusateurs. Le mère de David hausse le ton à son tour et s'en va, sans même tenter de discuter plus longuement.

Étape 1 : Définition du problème

Il faut, dans un premier temps, choisir un moment approprié pour parler du problème à la personne, c'est-à-dire un moment où cette dernière n'est pas occupée. Une interruption spontanée n'a généralement comme résultat que d'engendrer de la frustration.

Danielle doit trouver un moment opportun pour parler à la mère de David. Le vestiaire, en début ou en fin de journée, n'est pas l'endroit idéal. Il vaudrait mieux s'entendre pour fixer une rencontre.

Étape 2 : Engagement dans l'affrontement
Exprimer clairement le problème et éviter les plaintes vagues, par exemple :

« C'est ton problème à toi aussi et non seulement le mien au service de garde. David a besoin d'être mieux encadré ! ».

Utiliser le *message-je* :

« Je suis dépassée par les comportements de David depuis quelques semaines. J'ai besoin d'en discuter avec toi ».

Éviter les accusations telles que :

« Tu ne veux rien entendre ; tu ignores les messages que je te laisse ».

Une telle attitude n'aura comme résultat que de mettre l'autre en position d'attaque.

Étape 3 : Écoute active
Écouter activement ce que l'autre a à dire. Si la discussion s'envenime, cesser de parler, prendre un temps d'arrêt et reprendre la conversation un peu plus tard.

> Une fois que le problème est clairement défini et que chacun a exprimé ses sentiments et ses idées, on est prêt à passer à l'étape suivante.

Étape 4 : Résolution du conflit
Explorer différentes solutions : imaginer le plus grand nombre de solutions possible sans juger si elles sont bonnes ou mauvaises.

Exemples :

« Nous pourrions nous rencontrer en fin d'après-midi avant la fermeture du service de garde ».

« Nous pourrions nous téléphoner au moment qui nous convient le mieux ».

« Nous pourrions aller prendre un café ensemble ».

« Je pourrais aller te rencontrer chez toi, si tu as des problèmes de garde ».

Étape 5 : Évaluation des solutions
Classer les solutions de « très bonne » à « très mauvaise ».

Étape 6 : Choix de la solution
Retenir la meilleure solution et prendre une entente.

Étape 7 : Réalisation de la solution
L'entente permet de concrétiser la solution et améliore les chances de la voir se réaliser.

Le contrat décrit les obligations de chacun, les tâches à effectuer, etc.

Danielle et la mère de David échangent sur papier l'heure, la durée et l'endroit de la rencontre. Chacune y inscrit les sujets qu'elle désire discuter.

Étape 8 : Évaluation et révision de la solution

Il est important d'évaluer périodiquement la solution retenue afin d'y apporter les correctifs nécessaires, afin qu'elle puisse continuer à satisfaire les deux parties. La résolution de conflits n'est pas chose facile. Il est important de s'arrêter et de relire régulièrement les étapes afin de rechercher des solutions créatives à nos conflits.

Application des principes de base en communication

Observons à présent des situations conflictuelles qui surviennent régulièrement dans les services de garde. Un parent n'est jamais indifférent à l'information que lui transmet l'éducatrice au sujet de son enfant. L'éducatrice est sensible aux remarques faites sur son travail. Deux éducatrices ne s'entendent pas toujours sur une intervention à faire. Toutes ces situations peuvent donner naissance à des conflits qui, s'ils ne sont pas résolus, minent l'énergie de chacun et détériorent le climat de communication.

À partir d'une série d'exemples, tentons d'identifier les attitudes qui favorisent une bonne communication et qui permettent à tous d'être gagnants.

Exemple 1 :

Un parent en colère entre dans le bureau de la responsable:

« J'ai acheté à mon fils des mitaines neuves; je les ai payées 20 $. Ce matin, son groupe va au parc. Il fait chaud; les enfants décident donc d'enlever leurs mitaines et voilà, tout le monde revient et personne ne pense à ramasser les mitaines ! L'éducatrice aurait pu voir à ses affaires ! »

La colère et l'agressivité sont des réactions courantes; elles sont cependant néfastes à la communication.

Ce qu'il faut faire :

- rester calme et démontrer au parent qu'on est prêt à discuter de ce qu'il veut, pourvu qu'il se calme et diminue sa colère;
- lui signifier qu'on comprend qu'il soit déçu, fâché, dérangé;
- lui laisser le temps de réagir et de dire comment il se sent;
- lorsque le problème est clairement défini, chercher ensemble une solution qui évitera qu'un tel oubli ne se reproduise.

Qu'une personne ait commis ou non une erreur, l'autre n'a le droit ni de l'insulter, ni d'être agressif. Si l'autre ne respecte pas ce principe, il faut éviter de lui répondre par d'autres insultes.

Quelqu'un qui est très en colère ne peut ni écouter, ni comprendre. Il faut **absolument** retrouver un climat moins tendu. Si ce climat ne peut être créé, mieux vaut reporter la discussion.

Ce qu'il faut éviter :

- se défendre, se justifier ou attaquer à son tour:

  «À l'âge qu'il a, votre fils devrait pouvoir s'occuper lui-même de ses choses!»

  «L'éducatrice ne peut pas penser à la place de huit enfants!»

  «Ça ne me surprend pas, votre fils laisse traîner tous ses vêtements partout.»

Exemple 2 :
En réunion d'équipe, une éducatrice rapporte un fait observé dans un autre groupe. Elle critique violemment l'éducatrice de ce groupe en lui disant qu'elle n'est pas assez ferme face à un enfant qui s'amuse à briser les jouets.

La critique est courante dans les relations interpersonnelles. Qu'elle soit vraie ou fausse, exagérée ou non, on y réagit trop souvent en se tenant sur la défensive afin de préserver son image. Il existe cependant des moyens pour permettre de mieux accepter la critique:

- il faut renoncer à l'idée qu'on doit être aimé de tous;
- on apprend par ses erreurs et les connaître fait grandir;
- il faut reconnaître que l'on n'est pas «parfait» et que l'on n'excelle pas dans tout.

Ce qu'il faut faire :

- écouter l'autre, être silencieux, attentif et le regarder directement;
- répéter le contenu de sa critique afin de vérifier si on a bien compris;
- faire préciser à l'autre ce qu'il dit plutôt que d'essayer de deviner ce qu'il veut dire;
- répondre à ce que l'autre dit:
  - si la critique est fausse, la nier directement en reprenant le fait et en évitant de contre-attaquer;
  - si l'autre insiste toujours, donner de l'information qui pourrait mieux éclairer la situation;
  - si la critique est juste, apprendre à ne pas se sentir nécessairement coupable et humilié dès que l'autre fait remarquer une erreur.

Plusieurs attitudes favorisent le maintien de l'ouverture dans la communication. En les reprenant une à une, on comprendra mieux comment formuler les interventions verbales.

Tableau 5

Attitudes favorisant le maintien de l'ouverture dans la communication

Attitudes	Exemples
Échanger à partir de faits	• Il arrive à votre enfant de faire une colère lorsqu'un autre lui enlève un jouet
en évitant de poser des jugements de valeur	• Votre enfant est agressif
Parler en termes positifs en faisant ressortir les points forts	• Cet enfant investit beaucoup d'énergie dans ses relations avec ses amis
en évitant d'attribuer des étiquettes	• Cet enfant est trop gâté Cette éducatrice n'est pas assez ferme
Être réceptif aux problèmes de l'autre	• Je comprends que ce n'est pas facile, mais à deux, nous pourrions y arriver plus facilement
en évitant de le culpabiliser	• C'est à toi de t'en occuper, c'est **ton** problème
Coopérer à la recherche de solutions	• Explorons ensemble les solutions qui pourraient régler ce problème
en évitant de donner des ordres	• C'est à vous de l'aider, pas à moi !
Jouer un rôle de collaborateur	• Donner de l'information sur des ressources pouvant fournir une aide plus spécialisée
en évitant d'agir en expert	• Ne pas poser de diagnostic

En situation conflictuelle, certaines personnes adoptent des comportements de fuite ou de négation. La fuite est adoptée lorsque l'individu reconnaît qu'il y a un problème mais ne voit pas ce qu'il peut faire pour le résoudre. Il se sent mal et considère cette difficulté comme insurmontable.

Exemple :

« Que voulez-vous que je fasse ? »

« Je suis pressé, je n'ai pas le temps de te parler, on se reprendra ! »

Ce qu'il faut faire :

- valoriser la personne en faisant appel à ses compétences.

Ce qu'il faut éviter :

- blâmer ;
- harceler avec des demandes répétitives auxquelles l'autre est incapable ou refuse de donner suite.

La négation amène la personne à refuser de prendre conscience de la réalité dont on lui fait part parce que cela lui fait trop mal. Elle préfère une attitude défensive qui s'exprime souvent ainsi :

- « Mon fils ne fait pas ça à la maison. »
- « Tu es la première à me dire cela ! »
- « Je n'ai jamais eu de problèmes avec ça. »

Ce qu'il faut faire :

- s'intéresser à ce que l'autre dit et accepter ses arguments ;
- partir de là pour trouver des solutions au problème.

Exemple :

« Vous me dites qu'il est capable de le faire à la maison, mais au service de garde, il ne le fait pas. Quels moyens pourrions-nous trouver ensemble pour l'aider à le faire ici ? »

Ce qu'il faut éviter :

- s'obstiner ;
- vouloir convaincre à tout prix ;
- se défendre.

Exemple :

« Comment expliquez-vous ces différences entre ce qui se passe ici et à la maison ? »

Toutes ces attitudes permettent de créer des liens facilitant la communication. Il existe des situations où le lien existe entre deux personnes mais devient trop envahissant pour l'un des partenaires.

Ce qu'il faut faire :

- s'intéresser à ce que l'autre dit tout en précisant ses limites;
- essayer de centrer les échanges sur le motif à l'origine de la discussion et éviter de se laisser envahir par l'autre;
- proposer à l'autre une autre ressource qui pourrait répondre à son besoin d'être écouté.

Ce qu'il faut éviter :

- perdre de vue l'objectif premier de l'échange en tentant de résoudre tous les problèmes de l'autre;
- blâmer l'autre pour le temps perdu.

Les outils de communication

Il est essentiel de garder un lien de qualité avec tous les adultes engagés dans le service de garde, car ils sont partenaires dans l'éducation des enfants. Cette collaboration est possible uniquement dans un bon climat de communication. Voyons maintenant comment favoriser des échanges entre les parents et le personnel au sein des services de garde.

L'enfant est en présence de plusieurs figures éducatives significatives. Il est donc essentiel que tous ces adultes puissent communiquer efficacement entre eux. Ces liens permettent à l'enfant de faire des transitions harmonieuses d'un milieu éducatif à un autre. Les parents et les éducatrices peuvent ainsi mieux comprendre les changements de comportement pouvant survenir chez l'enfant. L'intervention auprès de l'enfant peut alors être mieux concertée.

Une bonne communication permet aux parents de comprendre le programme éducatif du service de garde et d'évaluer le mode de participation qu'ils désirent adopter.

Plusieurs outils de communication ont été développés dans les services de garde; on traitera ici de ceux qui constituent les bases de la communication quotidienne, soit l'échange verbal et le journal personnel. On traitera également de la rencontre parent-éducatrice afin de voir comment l'observation de l'enfant peut devenir un moyen intéressant d'alimenter les discussions.

L'échange verbal quotidien

Une communication individuelle avec tous les parents constitue un critère important de qualité en service de garde. Parfois, l'horaire de travail des parents ou des éducatrices ne permet pas ce type d'échange. Il faut alors tenter de trouver des solutions afin de créer des moments propices à la communication.

Stratégies

- tenir un registre avec le nom des parents;
- cocher chaque jour le nom des parents avec lesquels l'éducatrice a eu une conversation;
- à la fin de chaque semaine, relever le nom des parents qui n'auront pas été vus;
- trouver d'autres moyens pour rejoindre ces parents: le téléphone, des messages écrits permettant d'échanger plus d'information.

Le registre peut également aider l'éducatrice à établir des contacts avec tous les parents. Il arrive que l'éducatrice se sente plus à l'aise avec certains parents qu'avec d'autres. Le registre lui permet de modifier ses habitudes en l'amenant à aller vers ceux avec qui les échanges se font moins spontanément.

Si l'échange verbal quotidien est primordial, il ne se fait cependant pas toujours dans les meilleures conditions. En présence des enfants, dans le bruit et dans le feu de l'action, la communication peut s'embrouiller. Il est alors sage de se doter de moyens qui favoriseront l'échange d'information dans un contexte plus adéquat.

Également, certains sujets ne peuvent être abordés « sur le seuil de la porte » en fin de journée. Il vaut mieux alors utiliser l'appel téléphonique ou la rencontre individuelle.

Le journal personnel et la fiche quotidienne

Le journal personnel et la fiche quotidienne peuvent compléter ou remplacer l'échange verbal, s'il est impossible que parents et éducatrices se voient quotidiennement.

La fiche quotidienne permet à l'éducatrice de fournir l'information aux parents par écrit à l'aide, par exemple, de tableaux affichés au mur ou d'une feuille remise dans le casier de l'enfant. L'information qui s'y trouve est factuelle :

- la quantité d'aliments consommée : le lait chez les poupons et les aliments chez les plus âgés ;
- la durée du sommeil lors de la ou des détentes ;
- le comportement général de l'enfant au cours de la journée (humeur, appétit, jeux) ;
- certains comportements peuvent également y être soulignés afin d'attirer l'attention des parents sur une situation particulière (sortie, progrès de l'enfant, remarque amusante de l'enfant, problèmes de santé, accident, etc.) ;
- les médicaments administrés.

Comme l'information est souvent affichée, il est important de se préoccuper de la notion de respect de l'enfant et de la confidentialité de certains renseignements. Tout ce qui a trait au comportement de l'enfant et à sa participation à la vie de groupe devrait être rapportée sur une feuille individuelle remise dans le casier.

Les parents doivent être invités à leur tour à transmettre tous les renseignements pouvant permettre aux membres du personnel de mieux connaître les enfants. Ainsi, chaque éducatrice devrait disposer d'un casier afin que les parents puissent y déposer des notes. Enfin, les parents devraient être invités à téléphoner au service de garde afin de transmettre toute autre information importante.

Le journal personnel constitue un outil d'échange plus détaillé. Ce cahier, complété une fois par semaine par l'éducatrice, par exemple, rapporte des anecdotes, des activités de l'enfant, un aperçu de son développement, etc. Ce cahier est remis aux parents afin qu'ils en prennent connaissance et qu'ils fournissent à leur tour des renseignements sur la vie de l'enfant à la maison.

Le journal personnel s'avère intéressant pour les groupes d'enfants plus âgés, car il permet d'échanger sur différents aspects de la vie de l'enfant, tant à la maison qu'au service de garde : ses intérêts, ses jeux, ses exploits.

La fiche quotidienne fournit une information plus précise aux parents d'enfants plus jeunes qui s'expriment peu ou ne peuvent pas s'exprimer.

La rédaction du journal personnel ou de la fiche quotidienne requiert de l'éducatrice un investissement en temps et en énergie. Parfois, l'éducatrice ressent une certaine déception, car elle a l'impression que les fiches ne sont pas lues. Il est important de vérifier auprès des parents le type d'information qu'ils désirent recevoir. Certains parents qui voient l'éducatrice tous les jours peuvent préférer s'informer auprès d'elle plutôt que de lire une fiche. D'autres parents, dans le cas d'enfants plus âgés, préfèrent l'échange du journal personnel toutes les deux semaines ou même une fois par mois.

Une évaluation régulière du taux de satisfaction des outils utilisés est nécessaire afin de fournir un type d'information convenant tant aux parents qu'aux éducatrices. Il faut cependant retenir que ces outils permettent de conserver par écrit de l'information importante pour suivre le développement global de l'enfant au fil des mois et des années.

La rencontre individuelle

Certaines situations exigent un échange particulier entre parents et éducatrices. La rencontre individuelle constitue alors un outil privilégié.

La rencontre individuelle annuelle ou semestrielle constitue un moyen efficace de discuter avec les parents du développement de leur enfant. Elle permet un échange plus approfondi que la simple conversation en début ou en fin de journée. Elle renseigne les parents sur le programme éducatif, les réalisations de l'enfant, les progrès faits au service de garde dans les différentes sphères de développement. Elle favorise l'échange d'information et d'idées ; elle donne aux parents et à l'éducatrice l'occasion de s'entendre sur des interventions communes.

Stratégie d'organisation

Afin de tirer le maximum de cette rencontre, il faut bien l'organiser. Voici quelques conseils à ce sujet :

- inviter personnellement les parents en leur faisant part des objectifs de la rencontre ;
- rassurer les parents qui pourraient craindre ce type de rencontre, d'où l'importance d'établir un contact personnalisé plutôt que d'aviser par une simple note laissée au casier. L'invitation verbale accroît le taux de participation, car elle permet aux parents et à l'éducatrice de faire des modifications selon les besoins de chacun (heure et lieu qui conviennent à tous) ;
- déterminer qui assistera à la rencontre : un parent ou les deux ;
- prévoir un local propice à la discussion, en retrait des bruits environnants, des va-et-vient dérangeants et des interruptions possibles, comme les appels téléphoniques ;
- disposer les chaises de façon à favoriser des échanges agréables ;
- déterminer la durée de la rencontre afin de rester davantage centré sur les objectifs et de faire en sorte que chacun participe le mieux possible.

Contenu de la rencontre

- en début de rencontre, préciser les objectifs avec le parent;
- dresser un portrait du développement global de l'enfant à partir d'observations faites au cours des derniers mois;
- illustrer les propos d'exemples qui décrivent bien les réalisations de l'enfant. Parler en termes factuels et éviter tout jugement de valeur;
- insister sur les aspects positifs (réalisations, succès, progrès, etc.);
- parler en termes concrets et s'ajuster au niveau de compréhension du parent;
- bien vérifier si le parent comprend ce qui est dit et ne pas utiliser un langage spécialisé;
- éviter que l'on s'éloigne du sujet;
- préciser si certains aspects du développement nécessitent une attention particulière; convenir de moyens communs pour améliorer les interventions à la maison et au service de garde;
- remettre aux parents quelques surprises: dessins, bricolages ou autres réalisations de leur enfant;
- conclure la rencontre en remerciant les parents d'y avoir participé.

La rencontre ponctuelle

La rencontre individuelle peut également survenir de façon ponctuelle pour permettre à l'éducatrice de s'entretenir avec un parent d'un sujet spécifique. Cette rencontre s'organise alors autour d'un objectif précis qui pose souvent problème à l'éducatrice ou au parent. Elle doit faire l'objet d'une attention particulière, car elle suscite souvent l'anxiété tant chez les parents que chez l'éducatrice. Il est alors très important de mettre en place toutes les conditions favorisant une bonne communication:

- présence de la responsable du service de garde afin de soutenir l'éducatrice et les parents;
- présence des professionnels spécialisés (psychologue, médecin, orthophoniste, infirmière, etc.) après avoir obtenu le consentement des parents. Le soutien aux parents passe par la capacité d'aller chercher l'aide offerte par les différents organismes de la communauté. Il devient donc important pour le service de garde de connaître les ressources disponibles dans le quartier afin d'en informer les parents et de les utiliser pour améliorer ses interventions.

L'éducatrice doit bien connaître ses limites; elle ne doit pas se substituer aux parents. Même lorsque l'enfant vit une situation difficile, elle doit éviter de «tout prendre sur ses épaules». C'est pourquoi il est important qu'elle ait recours aux organismes du milieu afin d'y trouver le soutien nécessaire pour elle et pour les parents.

Il est possible à l'éducatrice et aux parents d'élaborer ensemble des stratégies éducatives qui deviendront les éléments centraux de l'intervention auprès de l'enfant. Cette concertation est importante et doit se faire dans un climat de communication positif.

Les documents *Les Pitchounets, les Lutins et les autres*[11] et *À nous de jouer*[12] peuvent s'avérer des outils intéressants à consulter afin de mieux circonscrire l'intervention auprès d'enfants ayant des difficultés de comportement en service de garde.

Si l'échange entre l'éducatrice et les parents est essentiel, il existe d'autres activités favorisant la participation des parents au service de garde. Ces activités ont comme résultat d'intégrer les parents à la vie quotidienne du service en leur laissant une place de choix. Cette participation favorise souvent le développement d'une meilleure communication entre les différentes personnes responsables de l'éducation des enfants.

La participation parentale[13, 14]

La participation parentale varie d'une catégorie de service de garde à l'autre. Le ministère de la Famille et de l'Enfance prévoit l'engagement des parents au sein des conseils d'administration et des comités de parents. Ces modes de participation sont importants pour établir une communication entre les parents et le personnel.

Participation prévue par la loi

Gestion d'une corporation sans but lucratif

Les parents utilisateurs des centres de la petite enfance sont invités à participer à la formation d'un conseil d'administration qui voit à gérer les affaires de la corporation et prend toutes les décisions nécessaires. Le conseil d'administration d'au moins sept membres est composé dans une proportion d'au moins les deux tiers de parents usagers. Ils sont également convoqués à des assemblées générales afin d'être consultés sur différents sujets concernant le service de garde.

Comité de parents

La loi prévoit des mécanismes qui assurent la participation parentale là où ces derniers ne forment pas la majorité au conseil d'administration. Un comité de parents utilisateurs (ne faisant pas partie du personnel du service de garde) est consulté sur tous les aspects touchant la vie des enfants reçus, dont: l'application du programme éducatif prévu, l'acquisition et l'utilisation du matériel éducatif et de l'équipement ainsi que les services à fournir.

Autres comités

La participation parentale peut également être sollicitée à l'intérieur de comités qui travaillent sur des dossiers précis: comité pédagogique, de santé et sécurité, d'alimentation, d'évaluation, etc. Ces comités permettent aux parents de mieux comprendre la vie quotidienne du service de garde, de tisser des liens entre eux et avec le personnel ainsi que de mettre à profit leurs expériences personnelles.

La participation des parents à la gestion de leur service de garde constitue un critère de qualité important. En début d'année, chaque parent devrait être invité à spécifier le mode de participation qu'il peut offrir en tenant compte de ses goûts et de ses intérêts. Pour sa part, le service de garde doit évaluer périodiquement la participation parentale afin de trouver des moyens qui la faciliteront.

Participation quotidienne

La participation parentale demeure la principale clé du succès des interventions menées auprès de l'enfant d'âge préscolaire. Le lien de confiance entre le service de garde et les parents permet l'échange. Ainsi, l'enfant pourra maintenir dans son milieu familial ce qu'il a acquis en service de garde, et vice-versa.

Voici les moyens de favoriser la participation des parents afin de voir comment il est possible de les intégrer à la vie quotidienne du service de garde.

L'inscription au service de garde

L'intérêt à participer activement aux activités du service de garde se développe souvent à partir des premiers contacts établis lors de l'inscription de l'enfant.

L'accueil doit être chaleureux et constituer une expérience positive pour les parents. Une visite accompagnée du service de garde, au cours de laquelle les parents peuvent voir les locaux et rencontrer le personnel, est une initiative très intéressante.

Lors des périodes intensives d'inscription, il est possible de réunir les nouveaux parents et leurs enfants pour une visite. Le parrainage pouvant également s'avérer une expérience positive, un parent usager se charge alors de la visite. Les services de garde en milieu de travail peuvent favoriser cet accompagnement en organisant les rencontres à l'heure du dîner, par exemple. Les parents usagers enrichissent les échanges par le partage de leurs expériences au service de garde. Un même type de parrainage peut être organisé dans les autres services de garde, en fin de journée ou en soirée.

Lorsque la visite s'effectue au cours de la journée, une attention particulière doit être portée tant aux parents qu'au personnel. Normalement, la responsable devrait diriger la visite. Si on confie cette tâche à une éducatrice, il est judicieux de ne pas laisser les parents seuls en compagnie d'une éducatrice débordée, sous prétexte d'établir un bon premier contact.

Mieux vaut s'assurer de la présence d'une autre personne, responsable ou éducatrice, afin que l'éducatrice qui dirige la visite puisse s'adresser aux parents aisément et répondre à toutes leurs questions.

Stratégies d'organisation

Pour que les parents se sentent à l'aise, il est important de ne pas les laisser à eux-mêmes. Il faut aussi prévoir des chaises confortables pour leur permettre d'observer l'animation en cours, à laquelle leur enfant sera invité à participer.

Les services de garde qui reçoivent une clientèle multiethnique peuvent être confrontés à un problème de communication. Afin que les parents reçoivent toute l'information nécessaire, un interprète s'avère une aide précieuse pour ceux qui ne sont pas familiers avec la langue parlée au service de garde. La responsable peut également profiter de la présence de l'interprète pour interroger la famille sur ses habitudes (alimentaires, éducatives, religieuses, culturelles, etc.) et voir comment il est possible de les intégrer à la vie quotidienne du service de garde.

L'accueil constitue le premier contact de l'enfant avec son nouvel environnement éducatif. Dès sa première visite, il établit des liens avec l'éducatrice et les autres enfants. Les attitudes de l'éducatrice, les paroles qu'elle adresse à l'enfant peuvent créer des liens de confiance entre elle et les parents. Il est donc essentiel que ce moment fasse l'objet d'une attention toute particulière.

Une évaluation régulière des modalités de l'accueil devrait être faite verbalement et par écrit auprès des nouveaux parents. Une boîte à suggestions installée de façon permanente permet de recueillir les commentaires et d'apporter les correctifs nécessaires.

L'information écrite sur le service de garde

Au moment de l'inscription, les parents reçoivent verbalement un bon nombre de renseignements sur la philosophie du service, ses modalités de fonctionnement et la façon dont ils peuvent participer à la vie du service. Ils reçoivent des renseignements pertinents sur les rencontres de parents ainsi que sur les activités et réunions des différents comités et du personnel. Ils remplissent une fiche d'inscription contenant des renseignements essentiels. Il peut être intéressant d'accompagner le tout d'un dépliant bref et précis présentant le service de garde, les objectifs poursuivis sur le plan pédagogique, les modes de participation possibles ainsi que d'autres données utiles.

Voici quelques exemples d'expressions à privilégier:

- « Participez à nos rencontres parents-éducatrices... une petite mine de renseignements ! » Les derniers mercredis soirs de chaque mois.
- « Impossible de voir votre éducatrice en début ou en fin de journée? Vous pouvez la joindre au ________________ (numéro de téléphone du service de garde) ou lui laisser vos coordonnées »
- « La porte est toujours ouverte, entrez voir ce que fait votre enfant. »

La conception d'un dépliant n'engendre pas de coûts importants ; on peut tirer profit d'une mise en page simple à partir de textes agrémentés de dessins d'enfants. Le dépliant peut être un outil intéressant pour le recrutement de nouvelles familles.

Dans ce cas également, une évaluation régulière s'avère nécessaire afin de rendre le contenu le plus adéquat possible. Pour concevoir un bon outil de promotion du service de garde, on peut demander aux anciens et aux nouveaux parents de préciser leurs besoins d'information.

Il est important de porter une attention particulière aux parents qui éprouvent des difficultés avec la langue écrite en leur offrant une aide pour remplir la fiche d'inscription ou tout autre document. Il faut également s'assurer que l'information normalement transmise sous forme écrite leur soit expliquée verbalement.

Tous les documents remis aux parents doivent être clairs et relativement courts. Ils sont la base de la communication entre les membres du personnel et les parents, d'où l'importance de faire participer ces derniers à leur élaboration.

L'accès permanent

Les parents ont accès à toutes les aires d'activités des enfants pendant les heures d'ouverture du service de garde. Ils peuvent ainsi participer à différentes activités quotidiennes. Des mères peuvent venir allaiter leur poupon, nourrir leur trottineur à l'heure du midi, être présentes lors d'activités de jeu.

L'aide aux sorties

L'aide demandée aux parents lors de sorties avec les enfants est l'une des formes de participation parentale la plus répandue dans les services de garde. Même si ces sorties constituent des occasions privilégiées de créer des liens entre le personnel et les parents, elles sont parfois sources de conflits. Elles peuvent entraîner de l'insatisfaction si les objectifs poursuivis ainsi que les rôles de chacun ne sont pas clairement définis.

Afin de s'assurer que les sorties soient des expériences enrichissantes tant pour les parents et les enfants que pour les éducatrices, il est essentiel de préciser :

- les objectifs pédagogiques poursuivis (s'il y a lieu) ;
- les règles de conduite du groupe (qui peuvent différer de celles existant à la maison ou au service de garde) ;
- les rôles respectifs des parents et des éducatrices.

Les parents peuvent proposer des sorties avec les enfants : découverte de leur lieu de travail, expérimentation d'une activité qui leur est familière, etc. Faire appel aux parents constitue un bon moyen de les intéresser au programme d'activités du service de garde et de susciter plus de participation de leur part.

L'animation d'ateliers

Les parents peuvent également participer activement au programme d'activités en animant des ateliers où ils mettent à profit leurs talents et leurs habiletés. Danse, musique, fabrication de cerfs-volants, poterie, nombreuses sont les activités que les parents peuvent animer en collaboration avec les éducatrices. Ces expériences peuvent être particulièrement intéressantes lorsqu'elles permettent aux familles multiethniques de partager avec les enfants du service de garde les coutumes de leur pays d'origine.

Stratégies d'organisation

- inviter personnellement les parents à animer une activité ;
- discuter avec eux de la marche à suivre ;
- les soutenir lors de l'animation afin de régler les difficultés possibles avec certains enfants ; ne pas les laisser « à la merci » du groupe ;
- évaluer l'animation avec eux afin d'apporter les modifications nécessaires, tout comme le font les enfants à la fin de la période d'atelier.

La rencontre thématique

La rencontre thématique est une occasion d'échange entre les parents et les éducatrices sur un sujet particulier.

Choix du thème

- choisir un thème qui intéresse les parents ; par exemple, à l'aide de la boîte à suggestions ;
- avant la discussion, présenter une vidéo-cassette mettant en vedette les enfants filmés au service de garde avec le consentement des parents. Présenter différents moments de la journée, tels que les repas, la période d'atelier, la planification, le retour en arrière.

L'utilisation de films peut aider les parents qui ne comprennent pas bien la langue parlée au service de garde.

Même si le choix du thème est judicieux, il ne peut à lui seul garantir une bonne participation. D'autres éléments tels que l'heure de la rencontre, un service de garde et de covoiturage, requièrent une attention particulière de la part des organisateurs. Les rencontres tenues en soirée peuvent être difficiles à concilier avec la vie professionnelle et familiale. Les parents ne sont pas nécessairement disposés à repartir de la maison après une journée de travail, ni à payer des frais de garde additionnels. Pour d'autres parents, le transport constitue un obstacle à la participation.

Stratégies d'organisation

- tenir la rencontre en fin de journée, par exemple de 17h30 à 19h30, permet aux parents et aux éducatrices de se réunir pendant que les enfants sont pris en charge par des éducatrices remplaçantes ;
- offrir le service de garde aux enfants de la famille qui ne le fréquentent pas ;
- organiser un repas communautaire auquel chaque famille contribue en apportant un plat de son choix ;
- fixer une durée de rencontre maximale de deux heures pour permettre aux parents et aux éducatrices de rentrer à la maison en début de soirée ;
- organiser un système de covoiturage pour le retour à la maison.

Il est intéressant de mettre en place des conditions similaires lors des assemblées générales.

Activités familiales

Afin de créer des liens de confiance, il est intéressant de permettre au personnel et aux familles de se réunir lors d'activités sociales : camp de fin de semaine, marché aux puces, cabane à sucre, déjeuner du samedi matin.

Ces rencontres amènent les parents à se connaître et à échanger, ce qui peut faciliter l'entraide.

La participation parentale peut également être favorisée par les moyens de communication écrite du service de garde. Voici comment les rendre efficaces.

Le communiqué

Le communiqué est fréquemment utilisé par le personnel afin d'informer les parents d'événements à venir ou de faire appel à leurs services. Pour attirer l'attention du lecteur, le communiqué doit être visuellement attrayant.

Le journal

Le journal s'avère un outil de communication très intéressant pour les parents. Il présente les événements à venir (rencontres, sorties), des suggestions de jeux à faire à la maison, des chansons et comptines apprises au service de garde, des sorties pour les fins de semaine. Une section peut être réservée aux mots d'enfants ainsi qu'aux services à la collectivité (achat et vente de matériel).

La réalisation d'un journal nécessite beaucoup de temps et d'énergie. Les parents et le personnel qui y participent ne doivent pas rendre la tâche trop exigeante, car ils risquent alors d'abandonner le projet. Il vaut mieux se fixer des objectifs réalistes tels qu'une courte production tous les deux ou trois mois plutôt que tous les mois ou toutes les semaines. Une évaluation périodique auprès des lecteurs est importante pour vérifier si le contenu répond à leurs besoins.

Le babillard

Le babillard est l'endroit idéal pour réunir une foule de renseignements s'adressant à la fois aux parents et au personnel. Il devient cependant inefficace lorsqu'il est surchargé.

Stratégies d'organisation

- rendre les notes attrayantes afin d'attirer l'attention du lecteur;
- réserver certains babillards à des sujets précis:
  - un à la porte de chaque local pour l'information sur le programme d'activités de chaque groupe d'enfants ;
  - un au vestiaire pour que les parents puissent y afficher de petites annonces, des feuillets d'information, etc. ;
  - un près de la cuisine pour afficher le menu hebdomadaire, les recettes favorites, etc. ;
  - un réservé aux convocations, à l'affichage des procès-verbaux et des autres textes sur la gestion du service de garde.

Autres formes d'échanges

L'échange d'information peut revêtir d'autres formes. Voici quelques suggestions:

- Avec le consentement des parents, filmer les enfants en période de jeu libre, d'atelier, etc. et prêter les vidéocassettes aux parents afin qu'ils puissent les visionner en famille;
- réunir, sous forme d'album souvenir, des photographies prises lors de sorties, d'ateliers, de fêtes et les prêter aux familles;

- organiser une journée portes ouvertes au cours de laquelle la famille élargie (parents, grands-parents, frères et sœurs) peut venir visiter le service de garde;
- offrir aux parents de participer aux fêtes d'anniversaire, aux fêtes traditionnelles et culturelles.

Afin de renforcer les habiletés parentales ou de fournir de l'information spécifique, les textes portant, par exemple, sur les stades de développement de l'enfant ou sur les façons de répondre à ses besoins fondamentaux s'avèrent efficaces. Pour susciter la curiosité du lecteur, ces textes doivent être courts et faciles à lire.

Participation des parents de diverses origines ethniques

La participation de parents de diverses origines ethniques présente des défis supplémentaires. Le premier obstacle a trait à la langue et le second aux différences culturelles dans le domaine de l'éducation des enfants. Certains aspects du programme pédagogique peuvent apparaître inacceptables pour les parents par rapport à l'éducation reçue dans leur pays d'origine. Afin de concilier les différences culturelles, le service de garde doit opter pour une approche multiculturelle[15].

Stratégies d'organisation

- adopter une approche multiculturelle tel qu'il est proposé dans la vidéo *Familles et éducateurs: partenaires pour les enfants*[16];
- si la communication s'avère difficile, utiliser les services d'un interprète: si possible un autre parent de la communauté ;
- sensibiliser le personnel à la philosophie éducative et aux caractéristiques culturelles des familles;
- informer les parents des interventions et des méthodes pédagogiques que préconise le service de garde;
- réviser, au besoin, les pratiques du service de garde;
- favoriser les échanges entre le personnel et les parents afin d'assurer un suivi entre le service de garde et le foyer;
- permettre aux parents de partager leur culture et leurs coutumes avec le personnel et les enfants.

Les particularités des servives de garde en milieux défavorisés nécessitent de la part de leur personnel des attitudes d'ouverture et de respect favorables à la compréhension des problèmes vécus par les parents et les enfants.

Le Regroupement des centres de la petite enfance de l'Île de Montréal a publié un guide d'intervention et de communication à l'usage des éducatrices en milieux défavorisés. *Dans notre garderie, on ouvre des portes*[17] vise à informer le personnel des services de garde sur les thèmes sociaux qui touchent particulièrement les milieux défavorisés (pauvreté, monoparentalité, violence conjugale, négligence et mauvais traitements (tant sur le plan physique que sexuel), analphabétisme et toxicomanie) et à l'amener à s'interroger sur ses propres attitudes, tout en lui suggérant de nouvelles pistes d'intervention.

3

Conclusion

La participation parentale peut se concrétiser chaque jour par des gestes simples: la réparation d'un jouet, la fabrication de coussins, la pose d'une tablette au mur, etc. Il est important de reconnaître ces contributions, aussi minimes soient-elles, et de permettre aux parents d'y trouver leur place.

Plusieurs éléments peuvent assurer une bonne participation parentale; les parents qui vivent des expériences enrichissantes auront alors le goût d'y prendre part à nouveau.

Tableau 6

Éléments assurant une bonne participation parentale

- bien coordonner les activités
- offrir des activités qui répondent aux intérêts des parents (voir annexe 1, exemple de *Lettre d'invitation et questionnaire sur les intérêts des parents*)
- définir clairement avec eux le rôle de chacun des participants et les tâches à exécuter (voir annexe 2, exemple de *Lettre d'invitation aux parents*)
- privilégier le contact personnalisé pour recruter les participants
- établir et maintenir une bonne communication entre les parents et le personnel du service de garde
- remercier les participants de leur contribution, aussi minime soit-elle, par une petite note, un appel téléphonique ou lors d'une assemblée générale

Comme le souligne Cloutier[17], favoriser la participation des parents au service de garde n'est pas chose facile. Il faut savoir exactement ce que l'on veut et comment on va l'atteindre. C'est pourquoi il est nécessaire de négocier avec les parents une entente éducative telle que la définit Falardeau[18]. Cette entente doit être basée sur la reconnaissance de la compétence des parents, de la complémentarité des rôles, du respect des différences culturelles, sur l'organisation de la communication, etc. Les milieux de garde qui veulent amener les parents à s'engager doivent créer un climat dans lequel ces derniers se sentent à l'aise d'interagir, de partager de l'information, de poser des questions, de demander conseil. Les parents doivent sentir qu'ils ont un rôle à jouer pour établir les objectifs et les stratégies de développement de leur enfant.

Lettre d'invitation et questionnaire sur les intérêts des parents

Chers parents,

Nous faisons appel à votre aide afin d'enrichir les expériences de votre enfant au service de garde. Les enfants, les éducatrices et les autres parents pourraient profiter de votre participation.

Avez-vous des talents, des intérêts particuliers que vous aimeriez partager avec nous ? Si oui, précisez lesquels :

____

Aimeriez-vous partager avec les enfants une expérience particulière (voyage ou autre) ? Si oui, précisez laquelle :

____

Aimeriez-vous participer à l'une ou l'autre de ces activités ? (Nommer les activités du service de garde ou celles que l'on pourrait mettre sur pied)

Exemples :

- ☐ journal
- ☐ rédaction et révision
- ☐ traitement de texte et mise en page
- ☐ chaîne téléphonique
- ☐ rencontres d'échanges entre adultes
- ☐ comité pédagogique
- ☐ comité de santé et de sécurité
- ☐ comité des finances
- ☐ autre comité
- ☐ thème : ____________________________

Y a-t-il pour vous d'autres façons de participer? Avez-vous d'autres suggestions?

____

____

Quel moment de la journée vous convient le mieux pour assister à une rencontre ou à une assemblée générale?

- ☐ en soirée (19 h 30 à 21 h 30)
- ☐ en fin de journée (17 h 30 à 19 h 30)
- ☐ à un autre moment

Préciser lequel: ______________________________

Aimeriez-vous profiter alors d'un service de garde sur place?

☐ oui ☐ non

Un service de covoiturage serait-il utile?

☐ oui ☐ non

Nom du parent: ______________________________

Merci beaucoup de votre précieuse collaboration!

Lettre d'invitation aux parents

Chers parents,

Lundi le 1er juin 1998, nous fêterons la venue du printemps au service de garde. Une journée spéciale est organisée. En voici l'horaire:

7 h - 9 h:	Accueil des enfants Maquillage et costumes
9 h - 9 h 30:	Collation
9 h 30 - 11 h 30:	Activités extérieures Jeux animés Préparation du jardin Plantation ou semis Installation de boîtes à fleurs
11 h 30 - 12 h 30:	Dîner champêtre

Vous pouvez participer à cette fête en vous joignant à nous ou en nous aidant de différentes façons. Veuillez compléter le bas de la feuille et nous le retourner le plus tôt possible.

Nom du parent: ______________________________

☐ Je participerai à la plantation

☐ Je serai présent au dîner

☐ Je fournirai des outils de jardinage

☐ J'apporterai des fleurs à planter: ____________________
(précisez)

☐ Je participerai à la décoration du service de garde

☐ Je peux: ______________________________
(précisez)

Jouer, c'est magique

Références et bibliographies

Principes de base

Références

1. MINISTÈRE DE LA FAMILLE ET DE L'ENFANCE. *Programme éducatif des centres de la petite enfance.* Montréal, 1997, 38 p.

2. HOHMAN, M., B. BANET et D. WEIKART. *Young Children in Action*. Ypsilanti, High/Scope Press, 1979, 336p.

3. SCHWEINHART, L.J. et D. WEIKART. *Young Children Grow Up : The Effects of the Perry Preschool Program on Youths Through Age 15*. Ypsilanti, High/Scope Press, 1980, 110 p.

4. SCHWEINHART, L.J., H.V. BARNES et D. WEIKART. *Significant Benefits. The High/Scope Perry Preschool Study Through Age 27*. Ypsilanti, High/Scope Press, 1993.

5. EPSTEIN, A.S. *Training For Quality : Improving Early Childhood Programs Through Systematic Inservice Training*. Ypsilanti, High/Scope Press, 1993.

6. HOHMAN, M. et D.P. WEIKART. *Educating Young Children*. Ypsilanti, High/Scope Press, 1995, 539 p.

7. HAUSER-CRAM, P.D., D. PIERSON, T. KLEIN WALKER et T. TIVNAN. *Early Education in the Public Schools : Lessons from a comprehensive Birth-To-Kindergarten Program*. San Francisco, Jossey-Bass, 1991.

Bibliographie

BERNARD, S. *Aménager une garderie. Guide d'interprétation et d'application de la section IV du Règlement sur les services de garde en garderie*. Montréal, Office des services de garde à l'enfance, 1993, 72 p.

BRICKMAN, N. et L. TAYLOR. *Supporting Young Learners*. Ypsilanti, High/Scope Press, 1991, 314 p.

BROUILLET, C. *Créer un cadre de vie en garderie : Guide d'élaboration d'un programme d'activités*. Montréal, Office des services de garde à l'enfance, 1988, 5 fascicules.

GAGNÉ, M.-P. *Le kaléidoscope de la qualité. Outil d'évaluation des services de garde en garderie*. Montréal, Office des services de garde à l'enfance, 1993, 299 p.

GRAVES, M. *The Teacher's Idea Book*. Ypsilanti, High/Scope Press, 1992.

HIGH/SCOPE EDUCATIONAL RESEARCH FOUNDATION. *High/Scope Child Observation Record for Ages 2 1/2 - 6*. Ypsilanti, High/Scope Press, 1992.

HIGH/SCOPE EDUCATIONAL RESEARCH FOUNDATION. *Program Implementation Profile : Administration Manual*. Ypsilanti, High/Scope Press, 1989, 37 p.

HOHMAN, M. *A Study Guide to Young Children in Action*. Ypsilanti, High/Scope Press, 1983, 279 p.

JOHNSON, M. et M. TURCOTTE. *L'aménagement d'une garderie*, 2e édition. Montréal, Office des services de garde à l'enfance, 1989, 72 p.

Loi sur les centres de la petite enfance et autres services de garde à l'enfance, L.R.Q., chapitre S-4.1.

MAJOR, L. *Manipuler avec soin. Outil de réflexion et de références pour l'élaboration d'une plate-forme pédagogique*. Montréal, Regroupement des garderies du Montréal-Métropolitain, 1987, 149 p.

PROULX, M., M. DESLONGCHAMPS, M.-P. GAGNÉ, C.A. TREMBLAY, H. TRIQUET et T. TRUDEAU. *Guide à l'intention des membres des conseils d'administration de corporations sans but lucratif.* Office des services de garde à l'enfance, Direction de la recherche et du développement, 1991, 6 fascicules.

Décret concernant le Règlement sur les centres de la petite enfance, décret 1069-97, 20 août 1997.

Règlement sur les services de garde en garderie, S-4.1., r.2

SCHWEINHART, L.J. *A School Administrator's Guide To Early Childhood Programs*. Ypsilanti, High/Scope Press, 1988, 91 p.

Expériences clés et suggestions d'activités

Références

1. HOHMAN, M. et D.P. WEIKART. *Educating Young Children*. Ypsilanti, High/Scope Press, 1995, 539 p.
2. HOHMAN, M., B. BANET et D. WEIKART. *Young Children in Action*, Ypsilanti, High/Scope Press, 1979, 336 p.
3. GRAVES, M. *The Teacher's Idea Book*, Ypsilanti, High/Scope Press, 1989, 75 p.
4. HOHMAN, M. *A Study Guide to Young Children in Action*, Ypsilanti, High/ Scope Press, 1983, 279 p.

Bibliographie

BERNARD, S. *Aménager une garderie. Guide d'interprétation et d'application de la section IV du Règlement sur les services de garde en garderie*. Montréal, Office des services de garde à l'enfance, 1993, 72 p.

BERRUETA-CLEMENT, J.R., L.J. SCHWEINHART, W.S. BARNETT, A.S. EPSTEIN et D.P. WEIKART. *Changed lives: The Effects of the Perry Preschool Program on Youths through Age 19*, Ypsilanti, High/Scope Press, 1984, 210 p.

BRICKMAN, N. et L. TAYLOR. *Supporting Young Learners*, Ypsilanti, High/Scope Press, 1991, 314 p.

BROUILLET, C. *Créer un cadre de vie en garderie: Guide d'élaboration d'un programme d'activités*, Montréal, Office des services de garde à l'enfance, 1988, 5 fascicules.

GAGNÉ, M.-P. *Le kaléidoscope de la qualité. Outil d'évaluation des services de garde en garderie*, Montréal, Office des services de garde à l'enfance, 1993, 299 p.

HIGH/SCOPE EDUCATIONAL RESEARCH FOUNDATION. *High/Scope Child Observation Record for Ages 2 1/2 - 6*, Ypsilanti, High/Scope Press, 1992.

HIGH/SCOPE EDUCATIONAL RESEARCH FOUNDATION. *Program Implementation Profile: Administration Manual*, Ypsilanti, High/Scope Press, 1989, 37 p.

JOHNSON, M. et M. TURCOTTE. *L'aménagement d'une garderie*, 2e édition, Montréal, Office des services de garde à l'enfance, 1989, 72 p.

Loi sur les centres de la petite enfance et autres services de garde à l'enfance, L.R.Q., chapitre S-4.1.

MAJOR, L. *Manipuler avec soin. Outil de réflexion et de références pour l'élaboration d'une plate-forme pédagogique*, Montréal, Regroupement des garderies du Montréal-Métropolitain, 1987, 149 p.

OFFICE DES SERVICES DE GARDE À L'ENFANCE. *Politique d'intervention en service de garde à l'intention des enfants issus de milieux défavorisés,* Montréal, Office des services de garde à l'enfance, décembre 1992, 36 p.

PROULX, M., M. DESLONGCHAMPS, M.-P. GAGNÉ, C.A. TREMBLAY, H. TRIQUET, et T. TRUDEAU. *Guide à l'intention des membres des conseils d'administration de corporations sans but lucratif,* 6 fascicules, Office des services de garde à l'enfance, 1991.

Décret concernant le Règlement sur les centres de la petite enfance, décret 1069-97, 20 août 1997.

Règlement sur les services de garde en garderie, S.4.1., r.2

SCHWEINHART, L.J. *A School Administrator's Guide To Early Childhood Programs,* Ypsilanti, High/Scope Press, 1988, 91 p.

SCHWEINHART, L.J., D. WEIKART. *Young Children Grow Up: The Effects of the Perry Preschool Program on Youths Through Age 15,* Ypsilanti, High/Scope Press, 1980, 110 p.

TERRISSE, B. et G. BOUTIN. « Intervention précoce et prévention : l'implantation du programme d'intervention précoce à Laval », *Apprentissage et socialisation,* n° 6, 1983, p. 13-23.

Environnements physique et humain

Références

1. GAGNÉ, M.-P. *Le kaléidoscope de la qualité. Outil d'évaluation des services de garde en garderie.* Montréal, Office des services de garde à l'enfance, 1993, 299 p.
2. HOHMAN, M. et D. WEIKART. *Young Children in Action.* Ypsilanti, High/Scope Press, 1979, 336 p.
3. BERNARD, S. *Aménager une garderie. Guide d'interprétation et d'application de la section IV du Règlement sur les services de garde en garderie.* Montréal, Office des services de garde à l'enfance, 1993, 72 p.
4. BROUILLET, C. *Créer un cadre de vie en garderie. Guide d'élaboration d'un programme d'activités.* Montréal, Office des services de garde à l'enfance, 1988, 5 fascicules.
5. HOHMAN, M. *A Study Guide to Young Children in Action.* Ypsilanti, High/Scope Press, 1983, 279 p.
6. *Loi sur les centres de la petite enfance et autres services de garde à l'enfance,* L.R.Q., chapitre S-4.1.
7. PROULX, M., M. DESLONGCHAMPS, M.-P. GAGNÉ, C.A. TREMBLAY, H. TRIQUET et T. TRUDEAU. *Guide à l'intention des membres des conseils d'administration de corporations sans but lucratif.* Office des services de garde à l'enfance, 1991, 6 fascicules.

Bibliographie

BERRUETA-CLEMENT, J.R., L.J. SCHWEINHART, W.S. BARNETT, A.S. EPSTEIN et D.P. WEIKART. *Changed lives : The Effects of the Perry Preschool Program on Youths through Age 19.* Ypsilanti, High/Scope Press, 1984, 210 p.

BRICKMAN, N. et L. TAYLOR. *Supporting Young Learners.* Ypsilanti, High Scope Press, 1991, 314 p.

GRAVES, M. *The Teacher's Idea Book.* Ypsilanti, High/Scope Press, 1992.

HIGH/SCOPE EDUCATIONAL RESEARCH FOUNDATION. *High/Scope Child Observation Record for Ages 2 1/2 - 6.* Ypsilanti, High/Scope Press, 1992.

HIGH/SCOPE EDUCATIONAL RESEARCH FOUNDATION. *Program Implementation Profile : Administration Manual.* Ypsilanti, High Scope Press, 1989, 37 p.

JOHNSON, M. et M. TURCOTTE. *L'aménagement d'une garderie,* 2e édition. Montréal, Office des services de garde à l'enfance, 1989, 72 p.

MAJOR, L. *Manipuler avec soin - Outil de réflexion et de références pour l'élaboration d'une plate-forme pédagogique.* Montréal, Regroupement des garderies du Montréal-Métropolitain, 1987, 149 p.

SCHWEINHART, L.J. *A School Administrator's Guide To Early Childhood Programs*. Ypsilanti, High/Scope Press, 1988, 91 p.

SCHWEINHART, L.J. et D. WEIKART. *Young Children Grow Up : The Effects of the Perry Preschool Program on Youths Through Age 15*. Ypsilanti, High/Scope Press, 1980, 110 p.

La communication et les relations entre les parents et le personnel des services de garde

Références

1. BRONFENBRENNER, U. *Is Early Intervention Effective? A Report on Longitudinal Evaluations of Preschool Programs*. Washington, D.C., Department of Health, Education and Welfare, Office of Child Developement, 1974, vol. 2.

2. COOKE, K., J. LONDON, R. EDWARDS et R. ROSE-LIZÉE. *Rapport du groupe d'étude sur la garde des enfants*. Ottawa, Condition féminine du Canada, 1986, 457 p.

3. CLOUTIER, R et R. TESSIER. *La garderie québécoise - analyse fonctionnelle des facteurs d'adaptation*. Sainte-Foy, Québec, Les Éditions La Liberté, 1981.

4. PITRE-ROBIN, C. « La garderie : prolongement de la famille » dans *Petit à Petit*, 1985, vol. 3, n° 6, p. 14-16.

5. *Advisory Committee on Head Start Quality and Expansion. Creating a 21st Century Head Start*. Executive Summary, Young Children, 1994, vol. 49, n° 3, p. 65-67.

6. SCHWEINHART, L.J et D.P. WEIKART. *Success by Empowerment : The High/Scope Perry Preschool Study Through Age 27*. Young Children, 1993, vol. 49, n° 1, p. 54-58.

7. BOUCHARD, J.-M. « L'intervention éducative en milieu familial » dans *Apprentissage et socialisation*, vol. 8, n° 1, mars 1985, p. 41-51.

8. GORDON, T. *Parents efficaces*. Montréal, Éditions Le Jour, 1976, p. 57.

9. BOISVERT, J.-M. et M. BEAUDRY. *S'affirmer et communiquer*. Montréal, Éditions de l'homme, 1979, p. 73.

10. MYERS, G. et M.T. MYERS. *Les bases de la communication interpersonnelle. Une approche théorique et pratique*. Montréal, McGraw-Hill Éditeurs, 1984, 470 p.

11. DUCLOS, G., S. GRAVEL et G. CREY-BERNIER. *Les Pitchounets, les Lutins et les autres. Intervention auprès des enfants de garde ayant des difficultés de comportement*. Outremont, CLSC Côte-des-Neiges, 1986, 31 p.

12. ESSA, E. *À nous de jouer. Guide pratique pour la solution des problèmes comportementaux des enfants d'âge préscolaire*. Québec, Les Publications du Québec, 1990.

13. *Loi sur les centres de la petite enfance et autres services de garde à l'enfance*, L.R.Q., chapitre S-4.1.

14. *Règlement sur les services de garde en garderie*, S-4.1., r.2

15. CLOUTIER, R. et al. *La spécificité de l'organisation des services de garde en milieu défavorisé*. Québec, Université Laval, École de psychologie, 1994.

16. *Familles et éducateurs : partenaires pour les enfants*. Vidéo sous-titrée en français, 21 min. Montréal, Office des services de garde à l'enfance, 1994.
La vidéo présente quelques stratégies à mettre en place pour communiquer avec des parents de diverses origines culturelles et les composantes d'un programme d'éducation interculturelle dans les services de garde en garderie.
Diffusion :
Centre de documentation
Ministère de la Famille et de l'Enfance
600, rue Fullum
Montréal (Québec) H2K 4S7
Tél. : (514) 873-2323 ou 1 800 363-0310

17. CLOUTIER, L. *Dans notre garderie, on ouvre des portes*. Montréal, Regroupement des garderies du Montréal-Métropolitain, 1995.
Ce guide est disponible au Regroupement des centres de la petite enfance de l'Île de Montréal au coût de 25 $ en s'adressant au : 4321, avenue Papineau, bureau 201,
Montréal (Québec) H2T 1T3
Tél. : (514) 528-1442

18. FALARDEAU, I. et R. CLOUTIER. *Programme d'intégration éducative famille-garderie*. Montréal, Office des services de garde à l'enfance, Collection diffusion, 1988, vol. 2, 17 p.

Bibliographie

Axes de recherches en éducation familiale, textes réunis par S. DANSEREAU. 56e congrès de l'ACFAS, Moncton, 1988.

COMMISSION SCOLAIRE DES MANOIRS. *Les parents et vous : garder le lien. Comment établir une communication positive et efficace entre la famille et le service de garde*. Adaptation de D. BERGER, 1990.

COUTURE, C. et L. GARIÉPY. *Projet expérimental en garderie de milieu défavorisé*. Montréal, Office des services de garde à l'enfance, 1991.

DEAN, C. *Collaboration entre parents et éducatrices de services de garde. Ateliers de communication pour les parents et les éducatrices de services de garde*. Document de travail. Traduction et adaptation par M. Jacques et al. Québec, Université Laval, département de psychopédagogie, 1994, 159 p.

LAOSA, L.-M. et I.E. SIGEL. *Changing Families*. New York, Plemum Press, 1983, 333 p.

LYONS, P., A. ROBBINS et A. SMITH. *Involving Parents. A Handbook for Participation in School*. Ypsilanti, High/Scope Press, 1982, 227 p.

PROULX, M. et al. *Guide à l'intention des membres des conseils d'administration de corporations sans but lucratif*. Montréal, Office des services de garde à l'enfance, 1994.

SMITH, T. *Parents & Preschool*. Ypsilanti, High/Scope Press, 1980, 185 p.

Autres titres

Jouer c'est magique (tome 2)
Ministère de la Famille et de l'Enfance
1998, 216 pages **19,95 $**

La sécurité des enfants... en services de garde éducatifs
Ministère de la Famille et de l'Enfance
2002, 337 pages **29,95 $**

Programme éducatif des centres de la petite enfance
Ministère de la Famille et de l'Enfance
1997, 38 pages **4,95 $**

La santé des enfants... en services de garde éducatifs
Ministère de la Famille et de l'Enfance
2000, 285 pages **24,95 $**

Manuel de soins d'urgence pour les enfants en services de garde éducatifs
Ministère de la Famille et de l'Enfance
2002, 81 pages **6,95 $**

Prévention et contrôle des infections dans les centres de la petite enfance
Ministère de la Santé et des Services sociaux
2002, 474 pages **36,95 $**

La garderie, une expérience de vie pour l'enfant
Office des services de garde à l'enfance
Volet 1 : L'âge de la recherche de l'identification
De 1 mois à 24 mois,
1984, 130 pages **12,95 $**

Volet 2 : L'âge de la démarche vers l'autonomie
De 2 à 3 ans,
1984, 135 pages **12,95 $**

Volet 3 : L'âge de la conquête de l'initiative
De 4 à 6 ans,
1984, 131 pages **12,95 $**

PRIX ET CONDITIONS DE VENTE INDIQUÉS
SOUS RÉSERVE DE MODIFICATIONS
CATALOGUE DISPONIBLE SUR DEMANDE : 1 800 463-2100

Achevé d'imprimer en mai 2002
sur les presses de l'imprimerie AGMV / Marquis inc.
à Montmagny